KB126147

중학 역사왕
용어사전

중학 역사왕 용어사전
: 중학생이 반드시 알아야 할 역사 핵심개념 170

ⓒ 김일, 2018

초판 1쇄 발행 2018년 5월 21일
초판 2쇄 발행 2021년 1월 11일

지은이 김일
펴낸이 이성림
펴낸곳 성림북스

출판등록 2014년 9월 3일 제25100-2014-000054호
주소 서울시 은평구 연서로3길 12-8, 502
대표전화 02-356-5762 팩스 02-356-5769
이메일 sunglimonebooks@naver.com

네이버 포스트 http://post.naver.com/sunglimonebooks
페이스북 https://www.facebook.com/sunglimonebooks/

ISBN 979-11-88762-00-2 03900

성림북스(성림원북스, 성림비즈북, 성림사이언스북, 성림주니어북)는 숨가쁜 변화의 시대 속에서 살아가는
독자 여러분에게 꼭 필요한 나침반이 되어 함께 가겠습니다.

중학생이 반드시 알아야 할 역사 핵심개념 170

중학 역사왕
용어사전

THE HISTORY KING

김일 지음

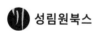

성림원북스

책을 시작하며

어느 날 걸려 온 한 통의 전화!

"역사동아리 '역사토달기' 지도 선생님이시죠? 출판사인데요. 이번에 학생들과 소통하며 학생들의 눈높이에 맞게 쉽게 풀어쓴 역사 도서를 만들려고 하는데, 함께하고 싶습니다."

이렇게 시작된 인연! 그리고 활동!

동아리 학생들은 책을 만드는 데 참여하면서 역사 공부를 해 보자 며 흔쾌히 승낙했고 활동이 시작되었다. 원고를 동아리 학생들과 읽으면서 어려운 단어와 궁금한 내용을 정리하였고, 저자는 우리들의 의견을 반영하여 여러 번의 수정을 통해 《교과서가 쉬워지는 통 한국사 세계사》 책이 완성되었다.

만들어진 《교과서가 쉬워지는 통 한국사 세계사》는?

《교과서가 쉬워지는 통 한국사 세계사》는 학생들과 소통하며 그들의 요구를 최대한 반영하여 쉽고 편하게 읽을 수 있도록 만들어져 스토리텔링 형식으로 역사의 흐름을 이해하기 쉽다. 이 책은 주제 중심 서술 방식으로 역사를 정치사뿐만 아니라 경제사, 사회사, 문화사, 세계사를 함께 살펴볼 수 있어 통합적 사고가 가능하다. 또한

5

교육 과정 체계로 목차가 구성되어 교과서와 함께 읽어도 부담이 없고, 이 책으로 학습해도 무리가 없다.

《중학 역사왕 용어사전》이 만들어지다

《교과서가 쉬워지는 통 한국사 세계사》와 함께 학습과 활동을 하면서 만들어진 동아리 학생들의 질문, 그리고 지도 교사인 나의 대답은 하나하나 정리되었고, 《중학 역사왕 용어사전》이라는 책으로 만들어졌다. 이 책은 역사를 학습하면서 만들어진 질문에 교사가 답하는 형식의 책으로, 평소 학생들이 어렵고 궁금해하는 내용을 중심으로 교육 과정을 최대한 반영하려고 노력하였다. 그래서 《교과서가 쉬워지는 통 한국사 세계사》를 읽고 중요 내용을 정리하는 부교재로 활용하면 좋을 것이다.

학생들과 함께 활동을 하면서

역사는 학생들에게 어려운 과목이다. 시간을 다루는 학문으로 많은 양의 정보와 종합사고력이 필요하기 때문이다. 거기에 대입과 내신에 울며 겨자 먹기로 암기를 해서 더 어렵게 느껴질 수밖에 없다. 그래서 이 어려움을 해결하기 위해 다양한 방법을 시도하는 노력을 하고 있다. 그 노력의 하나로 만들어진 성림원북스의 《교과서가 쉬워지는 통 한국사 세계사》는 학습자의 의견을 반영하고 그들의 눈높이에 맞추어 쓰인 결과라 말하고 싶다.

《교과서가 쉬워지는 통 한국사 세계사》와 《중학 역사왕 용어사전》을 위해 함께 활동한 동아리 학생들에게 이번 기회는 많은 성장을 경험하게 했다. 자신의 역할에 최선을 다하였고 많은 궁금증과 질문을 통해 역사를 학습하는 방법을 배웠으며 이로 인해 부수적으로 성적 향상을 맛보았다.

《교과서가 쉬워지는 통 한국사 세계사》와 《중학 역사왕 용어사전》을 위해 함께한 성림원북스, 그리고 '역사토달기' 학생들의 노력이 수많은 학생에게 역사를 알아가는 좋은 길이 되리라 믿는다.

또한 이 책은 중학생들과 함께한 도서지만 역사를 고민하고, 또 나누고자 하는 모든 이들과 함께하길 꿈꿔 본다.

김 일 드림

우리는 지식과 기술이 융합하여 새로운 것을 창조하는 사회, 이른바 4차 혁명에 따른 변화의 시대에 직면해 있다. 하지만 아무리 과학과 기술이 발달해도 그것을 사용하는 인간이 올바르지 않다면 4차 혁명도 헛될 수밖에 없다.

4차 혁명과 함께 인문학이 강조되는 이유도 여기에 있다. 인문학은 인간과 관련된 근원적인 문제나 사상, 문화를 연구하는 학문이다. 그 가운데 역사는 인간의 삶에 대한 기록을 연구 대상으로 삼는다. 역사는 현재를 사는 우리의 거울이자 옛것을 익혀 새것을 아는 온고지신溫故知新의 지혜를 갖게 한다.

《중학 역사왕 용어사전》은 역사에 대한 학생들의 갖가지 궁금증을 교사가 설명하는 형식으로 구성되었다. 교사는 수업에서 놓치기 쉬운 학생들의 궁금증을 파악할 수 있고, 학생들은 역사에 대한 궁금증이 풀리니 누이 좋고 매부 좋고 격이다. 나아가 이 책은 역사의 핵심개념을 잡아 줌으로써 학생들이 역사를 이해하는 개념의 틀을 제공한다. 2015 개정 교육 과정에 필요한 논술과 토론 수업에 필요한 논거를 제공하니 논리적 사고에도 큰 도움이 될 것이다.

이 책은 《교과서가 쉬워지는 통 한국사 세계사》와 함께 기획, 출간되었다. 스토리텔링 형식의 《교과서가 쉬워지는 통 한국사 세계사》로 역사의 맥을 잡고, 《중학 역사왕 용어사전》으로 핵심개념을 정리한다면 역사에 자신감이 붙고 역사가 너무 재미있어서 평생 역사를 공부하고 싶어질지도 모른다.

양정고등학교 역사 교사
우리역사교육연구회 회장

차례 contents

책을 시작하며 _ 5

이 책을 추천하며 _ 8

KOREAN HISTORY
1교시 한국사

1. 선사 시대와 역사 시대는 어떻게 구분하나요? _ 19

2. 고대, 중세, 근대, 현대로 나누는 기준은 무엇인가요? _ 20

3. '역사를 공부한다.'라고 하면 무엇을 배우는지 구체적으로 알려 주세요. _ 21

4. 인간이 동물과 다르게 발전할 수 있었던 이유는 무엇이죠? _ 22

5. 토기는 왜 만들었나요? _ 23

6. 신석기 혁명과 금속 혁명에 대해 알고 싶어요. _ 24

7. 고인돌을 통해 계급(계층)의 발생을 볼 수 있다는데 왜 그럴까요? _ 25

8. 고조선의 영역을 무엇으로 확인할 수 있나요? _ 26

9. 단군 이야기를 통해 고조선 사회를 알 수 있나요? _ 27

10. 8조 금법을 통해 고조선 사회를 알 수 있나요? _ 29

11. 위만조선은 고조선의 역사일까? 중국의 역사일까? _ 31

12. 붓, 중국의 화폐(명도전, 오수전, 반량전), 거푸집이 발견되었는데 무엇을 의미하나요? _ 32

13. 연맹 왕국에 대한 기록으로 각 나라의 생활을 알 수 있나요? _ 33

14. 옛날에 순장을 했다는데 너무 불합리해요. 그런데 왜 순장을 했을까요? _ 38

15. 연맹 왕국과 고대 국가의 왕은 차이가 있나요? _ 39

16. 고구려, 백제, 신라는 어떻게 중앙 집권 국가로 성장했나요? _ 40

17. 신라는 왕을 부르는 명칭이 변했는데, 왜 그랬나요? _ 41

18. 가야에서 철의 생산이 많았는데도 왜 중앙 집권 국가로 발전하지 못했을까요? _ 42

19. 삼국은 왜 불교를 받아들였을까요? _ 43

20. 박물관에 가면 삼국 시대 국가 중에 신라의 유물이 상대적으로 많은 이유가 있나요? _ 44

21. 백제의 유물인 칠지도가 일본에서 발견되고, 고구려의 유물인 호우명 그릇이 신라에서 발견된
   건 어떤 이유일까요? _ 45

22. 무령왕릉은 왜 벽돌로 만들었을까요? _ 46

23. 김유신은 신라 사람일까요? 가야 사람일까요? _ 47

24. 삼국 시대의 문화재와 고대 일본의 문화재가 비슷해요. 왜 그럴까요? _ 48

25. 신라의 삼국 통일 과정이 보여 주는 의미와 한계가 궁금해요. _ 49

26. 골품제도 속 6두품은 많은 제약 속에서 어떤 역할을 했나요? _ 51

27. 신라 사람들이 어떻게 살았는지 알 수 있을까요? _ 52

28. 삼국을 통일한 신라는 어떻게 왕권 강화(왕권 전제화)를 했나요? _ 53

29. 토지 제도를 공부하면 수조권과 소유권이라는 말이 나오는데 설명해 주세요. _ 54

30. 발해는 고구려 유민과 말갈족이 세운 국가라는데 그럼 발해는 우리의 역사인가요? _ 55

31. 삼국 시대의 불상이 간다라 양식의 영향을 받았다는데 간다라 양식이 무엇인지 궁금해요. _ 57

32. 사찰(절)에 가면 탑이 있는데 탑을 왜 만들었나요? _ 58

33. 신라 말 풍수지리설이 유행한 까닭은 무엇인가요? _ 59

34. 태조 왕건은 부인이 왜 많았을까요? _ 60

35. 광종이 노비안검법을 시행한 이유는 무엇인가요? _ 61

36. 서희가 거란의 침략에 싸우지 않고 외교 담판을 통해 강동 6주를 획득했는데 그 비결이 궁금해요. _ 63

37. 단재 신채호 선생님이 묘청의 서경 천도 운동을 '조선역사일천년래제일대사건'으로 부른 이유는 무엇인가요? _ 65

38. 무신 정변은 왜 일어났을까요? _ 66

39. 최충헌의 노비였던 만적이 반란을 일으킨 이유는 무엇인가요? _ 67

40. 원 간섭기 고려의 모습이 궁금해요. _ 68

41. 고려 불상은 왜 못생겼을까요? _ 70

42. 우리나라 불교의 특징 중 하나가 호국불교라는데 그 모습들이 궁금해요. _ 71

43. 고려 시대에도 강화도 등지에서 바닷가 간척이 이루어졌다는데 사실인가요? _ 72

44. 우리는 옛날에 주변국과 어떻게 교역했나요? _ 73

45. 고려 시대 여성들은 어떻게 살았을까요? _ 74

46. 옛날에 책은 어떻게 만들어졌고 발전하였는지 궁금해요. _ 75

47. 신진 사대부에 대해 자세히 알고 싶어요. _ 77

48. 고려 말 신흥 무인 세력은 어떻게 성장했나요? _ 78

49. 조선 건국에 중요한 역할을 한 사람이 삼봉 정도전이라는데 알려 주세요. _ 80

50. 조선은 유교 국가라고 하는데 왜 그렇죠? _ 81

51. 중국에 사대를 했다고 하는데 구체적으로 알고 싶어요. _ 82

52. 고려의 관리 등용 제도와 조선의 관리 등용 제도에는 어떤 차이가 있나요? _ 83

53. 왕이 나이가 너무 어릴 땐 어떻게 나라를 다스리나요? _ 85

54. 조선의 지배층을 양반이라고 하는데 '양반'은 어떤 의미인가요? _ 86

55. 조선 시대에 서얼이 신분적 제약을 받았다는데 서얼에 대해 알려 주세요. _ 87

56. 백정이 천민이죠? 더 자세히 알고 싶어요. _ 88

57. 농업을 중시하는데 그렇다면 국가는 어떤 노력을 했나요? _ 89

58. 오늘날 서울대학교가 있다면 과거에는? _ 90

59. 《조선왕조실록》은 어떻게 만들고 어디에 보관했나요? _ 91

60. 세종 대왕이 훈민정음을 만든 이유는 무엇일까요? _ 93

61. 조선은 왜 삼사를 두었을까요? 삼사에서는 어떤 일을 하나요? _ 95

62. 조선 시대 사림은 어떻게 등장하고 성장했죠? _ 96

63. 기묘사화 때 조광조가 죽었다는데 그 이유를 자세히 설명해 주세요. _ 97

64. 사림들이 나뉘어 붕당 정치를 하게 되었다는데 붕당 정치가 무엇이고 어떻게 나뉘었는지 알려 주세요. _ 99

65. 조선이 임진왜란에서 승리할 수 있었던 이유는 무엇인가요? _ 101

66. 임진왜란 이후 일본은 어떻게 변화하였나요? _ 102

67. 삼전도의 굴욕이 뭐예요? _ 103

68. 임진왜란 이후 조선 사회가 많은 변화를 겪게 되어 근대 태동기의 모습을 보인다고 하는데 구체적인 모습을 설명해 주세요. _ 104

69. 대동법 시행으로 나타난 사회 변화에는 어떤 것들이 있나요? _ 106

70. 예송 논쟁은 왜 일어났나요? _ 107

71. 환국 정치가 붕당 정치의 변질을 가져왔다고 하는데 왜 그런가요? _ 108

72. 왜 갑자기 탕평 정치에서 세도 정치로 변했나요? _ 109

73. 금난전권이 뭐예요? _ 110

74. 관념적인 성리학이 지배하는 조선에서 실학이 등장했는데 실학은 어떤 학문이며 잘 정착되었나요? _ 111

75. 조선 후기 이양선은 왜 출몰했을까요? _ 112

76. 흥선 대원군이 펼친 정책의 목적과 종류에는 어떤 것들이 있나요? _ 113

77. 프랑스에서 외규장각 도서(의궤)가 반환되었다는데 의궤가 어떤 책이고 왜 프랑스에 있었나요? _ 115

78. 위정척사 운동은 무엇인가요? _ 116

79. 강화도 조약이 우리나라 최초의 근대적 조약이면서 불평등 조약이라고 하는데 어떤 점이 불평등한 건가요? _ 117

80. 동학 농민 운동은 수탈에 저항하는 농민 봉기로 보아야 하나요? _ 118

81. 외세의 침략 과정에서 조선을 차지하고자 경쟁했던 나라들은 어디인가요? _ 120

82. 청일 전쟁 이후 국내 상황과 서구 열강들의 대립 상황을 정리해 주세요. _ 121

83. 지금과 같은 모습의 학교는 언제 생겼어요? _ 122

84. 근대화를 위해서 교통, 통신 등이 꼭 필요하잖아요. 어떤 점에서 근대화의 양면성이 나타나는 건가요? _ 124

85. 우리는 나라가 어려우면 자발적으로 의병 활동으로 국난을 극복했어요. 그렇다면 일제의 침략 과정에도 의병 활동으로 저항했나요? _ 125

86. 일본의 강압적인 을사늑약에 많은 저항이 있었다고 하는데 어떤 저항을 했어요? _ 126

87. 왜 독도의 날이 10월 25일이고 다케시마의 날이 2월 22일인가요? _ 127

88. 우리 민족은 경제 위기를 맞았을 때 어떻게 극복했나요? _ 129

89. 한국사를 공부하다 보면 일본을 일제라고 하는데 무슨 뜻이죠? _ 130

90. 러일 전쟁 이후 우리나라가 일본에 식민지가 되는 과정을 설명해 주세요. _ 131

91. 일본은 동양 척식 주식회사를 왜 만들었나요? _ 133

92. 이회영 형제는 왜 만주로 떠났을까요? _ 134

93. 일제 강점기 일본의 조선 통치 방법의 변화를 정리해 주세요. _ 135

94. 민족 자결주의가 등장한 이유와 우리나라에 미친 영향은 어떤 것들이 있나요? _ 138

95. 3·1 운동 이후 변화된 독립운동의 여러 방법에 대해 자세히 설명해 주세요. _ 140

96. 독립군 하면 김좌진 장군과 홍범도 장군이 생각나요. 독립군들은 어떻게 활동했는지 자세히 알려 주세요. _ 142

97. 백범 김구 선생님은 테러리스트인가요? _ 144

98. 민족주의와 사회주의가 함께 참여한 민족 운동이 있다면서요? _ 146

99. 학생의 날이 왜 11월 3일인가요? _ 147

100. 일제는 우리의 역사를 왜곡했다는데 그 의도가 무엇인가요? _ 148

101. 일제 강점기에도 역사 연구가 진행되었다고 하는데 어떤 연구가 진행되었죠? _ 149

102. 우리나라의 독립을 국제 사회가 보장했다고 하는데 궁금해요. _ 150

103. 대한민국 정부 수립 과정을 설명해 주세요. _ 151

104. 박정희 대통령은 왜 유신 헌법을 만들었나요? _ 153

105. 청계천을 걷다 보니 전태일 기념상이 있더라고요. 왜 청년 전태일이 분신자살을 해야만 했을까요? _ 154

106. 우리는 독재에 저항해서 민주화를 이룬 나라라고 들었어요. 민주화 운동이 어떻게 진행되었는지 알려 주세요. _ 155

107. 북한 관련 TV 프로그램을 보면 주체사상이라는 말이 많이 나오는데 도대체 주체사상이 무엇인가요? _ 157

108. 남북한은 통일을 위해 어떤 노력을 했나요? _ 158

109. 남한은 통일의 방법으로 연합제를, 북한은 연방제를 주장하는데 그 특징을 알려 주세요. _ 160

110. 대한민국은 일본의 식민 지배를 받아서 빠른 근대화를 이루었다는 주장이 있는데 어떻게 받아들여야 할지 알려 주세요. _ 161

WORLD HISTORY
2교시 세계사

111. 세계 여러 곳에서 등장한 문명의 특징과 공통점이 궁금해요. _ 165

112. 아테네의 민주 정치와 오늘날 민주 정치는 어떤 점에서 다를까요? _ 168

113. 왜 스파르타는 사람들을 강하게 길렀을까요? _ 170

114. 마라톤 경기가 왜 생겼을까요? _ 171

115. 일반적으로 신이라고 하면 전지전능하고 절대적이라고 생각하잖아요. 그런데 그리스 신화를 보면 신이 인간과 똑같아요. 왜 그럴까요? _ 173

116. 소피스트, 소크라테스, 플라톤, 아리스토텔레스에 대해 알고 싶어요. _ 174

117. 헬레니즘 문화는 어떻게 탄생하였고 그 특징은 어떤 것들이 있나요? _ 175

118. 로마는 처음부터 황제가 다스렸어요? _ 176

119. 게르만족의 이동이 중세의 출발이라고 하는데 그들은 무엇 때문에 이동했을까요? 그리고 프랑크 왕국만 살아남은 이유는 무엇일까요? _ 178

120. 중세 시대를 봉건제라고 하는데 장원제, 농노제는 또 무엇인가요? _ 179

121. 중세 시대에 교황과 황제가 진짜 싸웠나요? _ 181

122. 비잔티움 제국이라고 해야 하나요? 동로마 제국이라고 해야 하나요? _ 183

123. 십자군 원정은 성공했나요? 실패했나요? _ 184

124. 근대 사회를 여는 사건들은 어떤 것들이 있나요? _ 185

125. 서유럽의 르네상스와 알프스 이북의 르네상스는 어떤 차이가 있나요? _ 188

126. 종교는 돈(자본)을 나쁜 것으로 생각하지 않나요? 그런데 어떻게 칼뱅의 종교 개혁이 자본주의에 영향을 줄 수 있었죠? _ 189

127. 종교 개혁을 통해 영국 국교회가 수립되었는데 가톨릭(구교) 같은 느낌이 있어요. 왜 그럴까요? _ 190

128. 절대왕정과 계몽주의, 그리고 자유주의에 관해 설명해 주세요. _ 191

129. 프랑스 혁명이 너무 어려워요. 한눈에 볼 수 있도록 정리해 주세요. _ 192

130. 고대 그리스의 민주 정치를 보면 여성, 외국인, 노예, 아이들은 선거에 제한을 두었다고 하는데, 그렇다면 여성은 언제부터 투표했나요? _ 194

131. 동물(생명체)이 환경에 맞추어 진화한다는 찰스 다윈의 말처럼 사회도 진화하나요? _ 195

132. 왜 제국주의 국가들은 약소국을 식민지로 만들었나요? _ 196

133. 제1차 세계 대전이 끝나고 윌슨의 민족 자결주의가 주창되는데 제1차 세계 대전과 전후 처리는 어떻게 되었나요? _ 198

134. 히틀러는 왜 제2차 세계 대전을 일으켰나요? _ 200

135. 국제 사회에서 국제 연합(UN)이 하는 역할은 어떤 것들이 있나요? _ 201

136. 전쟁이 차가울 수 있나요? _ 202

137. 약소국들과 유럽은 국제 사회에서 힘을 발휘할 수 없나요? _ 203

138. 산업 혁명 이후 자본주의의 발달로 시장 경제 체제가 형성되는데 시장에 대한 흐름이나 생각들을 설명해 주세요. _ 204

139. 주나라의 봉건제와 서양 중세 봉건제를 한눈에 보고 싶어요. _ 206

140. 왜 춘추 전국 시대라고 부르죠? _ 207

141. 제자백가 사상이 나타난 이유가 있나요? _ 208

142. 달에서도 보인다는 만리장성을 왜 쌓았을까요? _ 210

143. 진시황은 왜 잔인하게 분서갱유를 했나요? _ 211

144. 고려가 서양에 알려지면서 '코리아'라고 불리게 되었다는데 중국이 '차이나'로 불리게 된 계기는 무엇인가요? _ 212

145. 한 무제와 흉노족은 관계가 깊다는데 어떤 사건들이 있나요? _ 213

146. 유비, 관우, 장비가 나오는 삼국지의 배경이 되는 시대는 언제일까요? _ 215

147. 도교 사상을 청담 사상이라고 하는데 왜 그럴까요? _ 216

148. 위·진 남북조 시대를 통일한 수나라는 고구려 때문에 멸망하나요? _ 217

149. 동아시아 국가들의 보편적인 특징이 있나요? _ 218

150. 송은 문치주의를 표방했는데 그럼 국방에 문제가 생기지 않나요? _ 219

151. 중국에서 한족이 아닌 다른 민족이 세운 국가들은 어떤 정책을 폈을까요? _ 220

152. 옛날에도 동양과 서양을 연결해 주는 길이 있었나요? _ 221

153. 정화의 대원정과 제국주의 국가들의 식민지 건설의 차이점이 있나요? _ 222

154. 명·청 시대 서양 문물은 어떻게 전래하였나요? _ 223

155. 중국의 개항이 아편 때문이라니 사실인가요? _ 224

156. 태평천국 운동은 어떤 사회를 꿈꾸었나요? _ 226

157. 중국은 외세의 침략에 어떤 개혁(개화) 운동을 했나요? _ 227

158. 쑨원의 삼민주의를 설명해 주세요. _ 228

159. 왜 중국과 대만은 서로 대립할까요? _ 229

160. 문화 대혁명은 성공했나요? 실패했나요? _ 230

161. 흑묘백묘의 의미가 궁금해요. _ 231

162. 톈안먼 사건이 발생한 이유가 무엇인가요? _ 232

163. 오늘날 중국이 지닌 문제점들은 어떤 것들이 있나요? _ 233

164. 유학은 어떻게 전개되었나요? _ 235

165. 불교는 어떻게 형성되었나요? _ 237

166. 이슬람교는 어떻게 성립되었나요? _ 238

167. 뉴스를 보면 이슬람을 '시아파', '수니파'라고 하는데 어떻게 갈라진 거죠? _ 240

168. 도요토미 히데요시가 전국을 통일하고 임진왜란을 일으켰다는데 일본 전국을 어떻게 통일한
     건가요? _ 241

169. 일본이 근대화에 성공할 수 있었던 까닭은? _ 243

170. 이스라엘과 팔레스타인의 분쟁은 현재 진행형인데 왜 그럴까요? _ 244

역사 교사가 권하는 역사 공부 방법 – 역사, 이렇게 공부하세요 _ 245

— 1교시 —

한국사

역사를 공부하다 보면 선사 시대와 역사 시대로 나뉘어 있는 것을 볼 수 있어요. 무엇을 기준으로 나눌 수 있을까요? 한자에 담긴 뜻을 보면 이해하기 쉬워요. 선사 시대는 먼저 선과 기록할 사를 써서 '문자로 기록되기 이전의 시대'를 말하는 것이고, 역사 시대는 지낼 역과 기록할 사를 써서 '과거에 일어난 일을 문자로 기록한 시대'를 말해요. 즉, 선사 시대와 역사 시대는 '문자'로 기록되었는지 아닌지에 따라 나뉘어요.

K O R E A N   H I S T O R Y

Q.1 선사 시대와 역사 시대는 어떻게 구분하나요?

역사를 공부하다 보면 선사 시대와 역사 시대로 나뉘어 있는 것을 볼 수 있어요. 무엇을 기준으로 나눌 수 있을까요? 한자에 담긴 뜻을 보면 이해하기 쉬워요. 선사先史 시대는 먼저 선先과 기록할 사史를 써서 '문자로 기록되기 이전의 시대'를 말하는 것이고, 역사歷史 시대는 지낼 역歷과 기록할 사史를 써서 '과거에 일어난 일을 문자로 기록한 시대'를 말해요. 즉, 선사 시대와 역사 시대는 '문자'로 기록되었는지 아닌지에 따라 나뉘어요.

그렇다면 기록이 없는 선사 시대의 이야기를 어떻게 알 수 있을까요? 그 당시 사람들이 남긴 흔적을 통해 그들의 생활을 추측할 수 있고, 그 흔적을 유물과 유적이라고 해요. 석기, 토기 등 물건은 유물, 형태와 크기가 커서 이동할 수 없는 무덤, 주거지 등을 유적이라고 불러요. 이 유물과 유적을 통해 그 당시 사람들의 생활을 알 수 있어요.

고대, 중세, 근대, 현대로
나누는 기준은 무엇인가요?

역사는 과거부터 지금까지의 방대한 시간과 사건을 다루기 때문에 이 역사의 흐름을 일정한 기준으로 나누는데, 이것을 시대 구분이라고 해요. 일반적으로 고대먼 시대 – 중세고대와 근대의 중간 시대 – 근대가까운 시대 – 현대지금 시대로 나누는데, 어떤 기준을 사용하느냐에 따라 달라질 수 있어요. 많이 사용하는 시대 구분 방식은 마르크스의 구분이에요. 생산의 주체, 생산 양식에 따라 구분하며 고대 노예제 사회, 중세 봉건제 사회, 근대 자본주의 사회로 나누고 있어요.

우리나라는 일반적으로 고대삼국 시대 – 중세고려 시대 – 근세조선 전기 – 근대 태동기임진왜란 이후 – 근대개항 이후 – 현대광복 이후로 시기를 구분하는데, 학자들마다 조금씩 다르게 나누기도 해요. 우리나라의 경우 서양과 다르게 각 왕조의 역사에 따라 시기를 구분하고 있어요. 근대의 경우 외세의 침략과 일제 강점기를 거치면서 정상적인 근대화가 이루어지지 못했어요. 그래서 근대 태동기를 설정하여 우리의 주체적인 역량을 기술하고 있어요.

Q.3 '역사를 공부한다.'라고 하면 무엇을 배우는지 구체적으로 알려 주세요.

 역사는 사실로서의 역사와 기록으로서의 역사가 있어요. 사실로서의 역사는 과거의 객관적인 사실을 중시하고 기록으로서의 역사는 오늘날 우리에게 역사가 주는 의미를 중시해요.

역사를 공부한다는 것은 역사적 사실과 역사가 주는 의미를 배우는 것이에요. 즉, 우리는 역사적 사실을 배우고, 역사가 주는 의미를 배우는 것이에요. 온고지신^{溫故知新}이라는 말처럼 과거의 사실을 토대로 현재를 바르게 이해하고, 삶의 지혜를 배우고, 역사적 사고력과 비판력을 기르는 데 역사 공부의 의미가 있어요.

동양에서는 역사책에 거울 감^鑑 자를 써요. 즉, 역사를 현재를 비추는 거울이라고 생각하고 있어요. 또, 역사가 E. H. Carr는 '역사는 과거와 현재의 끊임없는 대화'라는 말을 남기며 과거의 역사적 사실이 오늘을 살아가는 우리에게 주는 의미가 무엇인지 끊임없이 고민하라고 말하고 있어요. 그런데 우리는 역사적 사실에만 집중하는 경향이 있어요.

Q.4 인간이 동물과 다르게
발전할 수 있었던 이유는 무엇이죠?

 인간은 계속 발전하며 오늘날에 이르렀어요. 인간이
발전할 수 있었던 이유를 몇 가지 살펴보면, 먼저 직립보
행을 통해 손의 자유를 얻게 되었고 이를 통해 도구를 제작하고 사
용하게 되었어요. 다음으로 불을 사용하면서 위험으로부터 안전을
확보하게 되었고, 빛과 열을 통해 시간과 공간을 극복하고 확장하였
어요. 마지막으로 문자를 사용하면서 지식을 축적하고 전승하게 되
었어요. 이를 통해 인간이 동물과 다르게 발전할 수 있었어요.

Q.5 토기는 왜 만들었나요?

 인류는 도구를 제작하고 사용하면서 자연과 환경을 극복했어요. 이 과정은 식량을 얻기 위한 노력이기도 해요. 구석기 시대에는 식량을 얻기 위해 사냥하고, 열매를 채집하고, 물고기를 잡았어요. 하지만 언제나 배부르게 먹지 못했어요. 노동과 비교하면 생산성이 낮았기 때문이에요. 신석기에 들어와 농경과 목축이 시작되면서 수확된 곡식을 저장해야 했어요. 그래서 토기를 만들게 되고, 당연히 한 곳에 정착해서 살게 되었지요.

토기는 모양에 따라 이름이 붙어요. 빗살무늬 토기는 토기에 빗살무늬가 그려진 토기를 말하고, 민무늬 토기는 무늬가 없는 토기를 부르는 말이에요.

빗살무늬 토기

Q.6 신석기 혁명과 금속 혁명에 대해 알고 싶어요.

 혁명이라는 말은 새로운 것으로 변한다는 의미가 있어요. 그러니까 신석기 혁명, 금속 혁명이라는 말은 삶의 방식이 이전과 다르게 변했다는 것을 의미해요.

신석기 혁명이란 신석기 시대에 농경과 목축을 시작하면서 사람들의 삶이 변했다는 거죠. 농경과 목축을 시작하면서 이동하지 않고 정착해서 살게 되었고, 자연에서 식량을 얻는 자연경제에서 인간이 스스로 경작을 통해 생산하는 생산경제로 변했어요.

금속 혁명이란 청동기 시대에 인간이 금속을 사용하게 되면서 금속을 가진 자와 가지지 못한 자 사이에 계급^{계층}이 발생하게 되는 것을 말해요.

 신석기 혁명의 어원

'신석기 혁명'은 영국 고고학자인 고든 칠데^{Gorden V. Childe}가 펴낸 책에서 처음 등장한 표현이다. 빙하기가 끝나고 인류는 우연한 계기로 농경이라는 새로운 차원의 생산 양식을 시작하게 되었다. 농경은 갖가지 사회 문화적 발전을 일으켜 문명의 불씨가 되었기 때문에 이를 하나의 혁명적 사건이었다고 하여 '신석기 혁명'이라고 부르게 되었다.

Q.7 고인돌을 통해 계급(계층)의 발생을 볼 수 있다는데 왜 그럴까요?

고인돌은 우리나라의 대표적인 청동기 시대 무덤이에요. 고인돌은 탁자식 고인돌^{북방식}과 바둑판식 고인돌^{남방식}이 있고, 그 크기도 다양해요. 커다란 고인돌을 제작한다는 것은 많은 인력을 동원해야 하는데, 권력이 없으면 불가능했겠죠. 이를 통해 계급^{계층}이 발생했다는 것을 알 수 있어요. 고인돌과 같이 큰 돌을 사용하여 기념물을 제작하는 문화를 거석문화라고 해요.

탁자식 고인돌

고조선의 영역을 무엇으로 확인할 수 있나요?

고조선의 영역은 발견된 유물의 분포를 통해 확인할 수 있어요. 넓은 지역에 같은 유물이 분포되어 있다는 것은 같은 문화를 공유하고 있었다는 것을 의미하죠. 고조선의 대표적인 유물인 비파형 동검, 탁자식 고인돌, 미송리식 토기가 만주와 한반도 북부에서 발견되고 있다는 점은 고조선의 세력 범위가 만주와 한반도라는 것을 보여 주고 있어요. 또한 발견된 유물을 통해 고조선의 중심지가 초기에는 만주요령 지역에서 한반도로 이동하고 있음을 알 수 있어요.

고조선의 영역

Q.9 단군 이야기를 통해 고조선 사회를 알 수 있나요?

> 옛날 환인의 아들 환웅이 사람들의 세상에 관심이 많았다. 아들의 마음을 안 환인이 세상을 내려다보니, 사람들에게 큰 이로움을 줄 수 있다고 생각하였다. 이에 환인은 환웅에게 천부인 3개를 주고 세상을 다스리도록 하였다. 환웅은 3,000여 명의 무리를 이끌고 태백산 신단수 아래에 내려와 도시를 세우니 이곳을 신시라 하였다. 그는 풍백바람, 우사비, 운사구름를 거느리고 곡식, 생명, 질병, 형벌, 선악 등 인간의 360여 가지 일을 주관하였다. 이로써 인간 세상을 교화하고 인간을 널리 이롭게 하였다. 이때 곰과 호랑이가 사람이 되기를 원하므로, 환웅은 쑥과 마늘을 주고 이것을 먹으면서 100일간 햇빛을 보지 않으면 사람이 될 것이라고 하였다. 곰이 이를 지켜 21일 만에 여자로 태어났고, 환웅과 혼인하여 아들을 낳으니 이가 곧 단군왕검이다.   - 《삼국유사》

단군 이야기는 신화 또는 설화의 형태로 만들어진 고조선의 건국을 보여 주는 이야기로, 고조선 사회의 모습을 볼 수 있어요.

첫째, '환인, 환웅, 신시'는 우리 민족이 하늘의 자손이라고 말해 주고 있어요. 이를 선민 사상이라고 해요.

둘째, '풍백, 우사, 운사', 즉 바람, 비, 구름은 농경과 밀접한 관계가 있어요. 그래서 고조선은 농경 사회라는 것을 알 수 있어요.

셋째, '인간 세상을 교화하고 인간을 널리 이롭게 하였다.'를 줄여서 '홍익인간'이라고 해요. 다시 말하면 선진 문물을 지닌 단군 세력이 고조선 지역에 정착하면서 문물을 가르치고 함께 살았다는 것을 말해 주고 있어요.

넷째, 곰과 호랑이는 진짜 동물인 곰과 호랑이가 아니라 곰을 믿는 부족, 호랑이를 믿는 부족을 뜻하는 것으로, 토테미즘 사상을 보여 주고 있어요.

다섯째, 사람이 된 곰이 환웅과 혼인했다는 것은 부족 간 결합을 통해 군장 국가로 발전하는 모습을 보여 주고 있어요.

마지막으로 단군왕검은 단군은 제사장, 왕검은 군장이란 의미로, 고조선은 제사와 정치가 하나인 제정일치 사회임을 드러내요.

정리하면 선진 문물을 지닌 환웅 부족이 유입되어 곰 토템을 믿는 부족과 결합하여 군장 국가가 되었다는 것이에요. 고조선은 선민 의식을 지닌, 경제적으로는 농경 사회, 정치적으로는 제정일치 사회임을 말하고 있어요.

Q.10 8조 금법을 통해 고조선 사회를 알 수 있나요?

조선 백성들은 8조 금법이 있는데, 그것은 사람을 죽인 자는 즉시 죽이고, 남에게 상처를 입힌 자는 곡식으로 갚는다. 도둑질한 자는 노비로 삼는다. 단, 용서를 받고자 한다면 50만 전을 내야 한다. 비록 용서를 받았어도 그것을 수치스러워 하여 혼인하고자 하여도 짝을 구할 수 없었다. 이에 그 백성들은 서로 도둑질하지 않았으며, 집집마다 문을 잠그는 일이 없었다. 여자들은 정절을 지키고 음란하지 않았다.

농사짓는 백성들은 대나무 그릇에 음식을 먹고, 도시에서는 관리나 장사꾼들을 본받아서 술잔 같은 그릇에 음식을 먹었다. 한의 관리가 다스리고 장사꾼이 들어오자 밤에 도둑질을 하게 되어 풍속이 점점 강퍅해져서 법이 60여 개로 늘어났다.

동이는 천성이 유순해서 세 지방^{남만, 북적, 서융} 밖의 사람들과 다르다. 그래서 공자는 올바른 도를 행하지 못하는 것을 슬퍼하여 바다를 건너 이곳에 살고자 한 것이 까닭이 있다.

– 《한서지리지》

《한서지리지》에 기록된 고조선에 관한 이야기예요. 거기에는 고조선의 8조 금법 중 3개의 내용이 기록되어 있어요.

'살인한 자는 사형에 처한다.'는 고조선 사회가 생명을 존중하고 노동력을 중시했음을 보여 줘요. 생명이 곧 노동력이기 때문이죠.

　'상해를 입히면 곡물로 배상한다.'는 고조선 사회가 농경 사회이며 노동력을 중시했음을 말해 줘요. 상해를 입는다는 것은 노동력을 잃는다는 것으로, 농경 사회 노동의 결과가 곡물이기 때문에 곡물로 배상하는 거예요.

　'도둑질한 자는 노비로 삼는다. 다만 50만 전을 내면 용서한다.'는 노비라는 신분이 존재하고, 50만 전처럼 개인이 재산을 가질 수 있었다는 것을 보여 줘요. 즉 고조선 사회는 계급 사회이며 사유 재산을 인정하고 있음을 알 수 있어요.

　그 밖에도 8조 금법은 고조선 사람들의 생활과 성품도 담고 있어요. 국가를 8개의 법으로 다스릴 수 있는 그런 민족이라는 것이에요. 그래서 공자가 고조선에서 살고 싶어 했다고 해요.

Q.11 위만조선은 고조선의 역사일까? 중국의 역사일까?

　　중국이 진에서 한으로 바뀌는 혼란한 상황 속에서 많은 사람이 고조선으로 이주했어요. 위만 역시 1,000여 명의 무리와 함께 고조선으로 들어와 서쪽의 국경 수비를 책임지게 돼요. 이후 세력을 키워 기원전 194년에 고조선의 왕이 돼요.

위만이 중국에서 들어와서 조선의 왕이 되었으니 위만조선은 중국의 역사라고 주장하는 사람들이 있지만, 위만조선 역시 단군조선을 계승하는 우리의 역사예요.

위만은 고조선에 들어올 때 상투를 틀고 조선인의 옷을 입었다고 해요. 상투는 우리 민족^{동이족}의 풍습이에요. 그렇다면 위만은 중국에 살던 우리 민족으로 고조선에 들어온 거예요.

위만은 왕이 되어서도 나라 이름을 그대로 '조선'이라고 했어요. 만약 다른 민족이었다면 나라 이름을 바꾸는 것이 당연한데, 그대로 사용했다는 것은 같은 민족이라는 인식을 보여 주고 있어요.

위만조선 고위 관직의 성씨를 살펴보면 토착민의 성씨가 많았다고 해요. 토착민에 대한 동질감이 없다면 불가능한 일이에요. 만약 다른 민족이라면 지배를 했을 것이고, 토착민의 등용을 제한했겠죠.

Q.12 붓, 중국의 화폐(명도전, 오수전, 반량전), 거푸집이 발견되었는데 무엇을 의미하나요?

 경상남도 창원 다호리에서 붓이 발견되었고 여러 철기 유적지에서는 명도전, 오수전, 반량전과 같은 중국의 화폐들이 발견되었어요. 또 청동기를 제작하는 틀인 거푸집도 발견되었어요. 이 유물들은 어떤 의미가 있을까요? 붓이 발견되었다는 것은 한자를 사용했다는 것을 말해 주고 있어요. 중국의 화폐인 명도전, 반량전, 오수전이 발견되었다는 것은 중국과 교역하고 있음을 보여 주고 있어요. 또한 거푸집이 발견되었다는 것은 독자적으로 청동기를 제작하고 있었음을 말해요.

Q.13 연맹 왕국에 대한 기록으로 각 나라의 생활을 알 수 있나요?

 중국의 《삼국지 위서 동이전》에는 연맹 왕국 당시 여러 나라의 기록들이 있어요. 그 기록을 통해 그 당시 모습을 추측할 수 있어요.

1) 부여

· 부여에는 구릉과 넓은 못이 많아서 동이 지역 가운데서 가장 넓고 평탄한 곳이다. 토질은 오곡을 가꾸기에는 알맞지만 과일은 생산되지 않았다. 사람들은 체격이 매우 크고 성품이 강직 용맹하며 근엄하고 후덕하여 다른 나라를 노략질하지 않았다.

· 나라에는 군왕이 있고 가축 이름으로 벼슬 이름을 정하여 마가, 우가, 저가, 구가 등이 있다. 제가들은 별도로 사출도를 나누어 맡아본다. 큰 곳은 수천의 집을 다스리고 작은 곳은 수백의 집을 다스린다. 적이 침입하면 제가들이 몸소 전투를 하였다.

· 옛 부여 풍습에는 가뭄이나 장마가 계속되어 오곡이 영글지 않으면 그 허물을 왕에게 돌려 "왕을 마땅히 바꿔야 한다." 하거나 "왕을 죽여야 한다."라고 하였다.

· 형벌은 엄하여 사람을 죽인 자는 사형에 처하고, 집안사람들은 노비로 삼는다. 도둑질을 하면 물건의 12배로 변상하게 하였다.

· 12월에 하늘에 제사를 지내는데, 온 나라가 대회를 열고 연일 먹고 마시며

노래하고 춤추니 영고라 한다. 이때 감옥을 열고 죄인을 풀어 주었다.

· 사람들이 죽으면 모두 순장하는데 많을 때는 백 명이나 된다.

부여는 왕이 있었고 5부족 연맹체로 왕은 중앙만 다스리고 마가, 우가, 저가, 구가 들이 동서남북 각각 4출도를 다스리고 있었어요. 부여 족장의 이름이 오늘날 윷놀이에 사용되고 있지요. 가뭄이나 장마로 흉년이 들면 왕을 바꾼다는 모습에서 왕의 힘이 약했음을 알 수 있어요. 형벌은 1책 12법이라고 해서 강력하게 처벌을 했고 12월에 영고라는 제천 행사를 열었어요. 사람이 죽으면 사람을 껴묻거리로 함께 매장하는 순장을 했어요.

2) 고구려

· 고구려에는 큰 산과 깊은 골짜기가 많아 평원과 연못이 없어서 계곡을 따라 살며 골짜기 물을 식수로 마셨다. 좋은 밭이 없어 농사를 지어도 식량이 충분하지 않았다.

· 사람들의 성품은 흉악하고 급해서 노략질하기를 좋아하였다. 그 나라에는 왕이 있고 벼슬로는 대로 등이 있으며, 신분이 높고 낮음에 따라 각각 등급을 두었다.

· 감옥이 없고 범죄자가 있으면 제가들이 모여 회의하여 사형에 처하고 처자는 노비로 삼는다.

· 10월에 지내는 제천 행사는 국중대회로 이름하여 동맹이라 한다.

· 고구려에서는 혼인할 때 신부 쪽 집의 뒤에 조그만 집 하나를 짓는데, 이것을

서옥이라고 부른다. 저녁에 사위가 될 사람이 신부의 집에 와서 문밖에 꿇어 앉아 자기의 이름을 알리고 신부와 함께 자겠다고 간청한다. 두세 번 간청하면 부모가 비로소 허락하고 집 뒤 조그만 집에 가서 자게 한다. 이때 돈과 비단을 늘어놓는다. 이렇게 혼인하고 아이를 낳아 크게 자라면 데리고 신랑의 집으로 돌아간다.

고구려는 산악 지대에 있어 식량을 얻기 위해 주변 국가와 부족을 정복하며 성장했어요. 사료에는 흉악하고 급하고 노략질하기를 좋아했다고 하지만 중국의 사료이니 고려해서 읽을 필요가 있겠죠? 귀족 회의로는 제가 회의가 있었고 법의 적용이 강력했어요. 그 이유는 부여에서 나와 세운 국가이기 때문이에요. 10월에 동맹이라는 제천 행사가 있었고, 결혼 풍습으로는 '서옥제'라고 하여 남자가 여자의 집에서 살며 아이가 성장하면 남자의 집으로 오는 풍습이에요.

기원전 1세기경 우리 민족의 국가들

3) 옥저, 동예

· 옥저는 큰 나라 사이에서 시달리고 괴롭힘을 당하다가 마침내 고구려에 복속되었다. 고구려는 그 나라 사람들 가운데 대인을 뽑아 사자로 삼아 토착 지배층과 함께 통치하게 하였다. 동예는 대군장이 없고 한 대 이후로 후, 읍군, 삼

로 등의 관직이 있어서 하호를 통치하였다. 예의 풍속은 산천을 중시하여 산과 내마다 구분이 있어 함부로 들어가지 않았다. 만약 함부로 침범하면 노비, 소, 말로 배상하게 하는데, 이를 책화라 한다. 또한, 같은 씨족끼리 결혼하지 않는다.

· 옥저의 결혼 풍습은 여자가 나이 10세가 되면 이미 혼인을 허락한다. 남편이 될 사람이 여자를 자기 집으로 데려다가 길러서 자기의 아내로 삼는다. 그리고 혼인하여 성인이 되면 다시 여자의 집으로 데려간다. 이때 여자의 집에서는 사위를 보고 돈을 내라고 하여 돈이 다 떨어지면 다시 사위의 집으로 돌려보낸다고 한다.

· 옥저는 사람이 죽으면 모두 가매장을 하여 가죽과 살이 다 썩은 다음에 뼈만 추려 온 집안사람의 뼈를 하나의 곽에 넣는다.

· 동예는 삼베가 나며 누에를 쳐서 옷감을 만든다. 단궁^활, 반어피^{바다표범가죽}, 과하마^{작은 말}가 나온다.

옥저와 동예는 연맹 왕국으로 성장하지 못하고 군장 국가로 운명을 마감해요. 주변국, 특히 고구려의 압박이 심했기 때문이지요.

옥저는 여자들이 어린 나이에 결혼하는 '민며느리제' 풍습이 있어요. 또한 매장 풍습으로 '골장'을 하여 뼈만 추려서 가족 공동 묘를 만들었어요.

동예의 특산물로는 단궁, 반어피, 과하마가 있어요. 또한 '책화'라고 해서 남의 영역에 들어가지 않고 만약 넘어가면 가축과 노비로 배상했어요.

4) 삼한

· 마한은 50여 개국으로, 진한과 변한은 각각 12개국으로 되어 있다. 마한이
가장 거대하여 그 종족들이 함께 왕을 세워 진왕으로 삼았다. (진왕은) 목지국
에 도읍하여 전체 삼한 지역의 왕으로 군림하였다.

· 변한에는 철이 생산되는데, 한, 예, 왜인들이 모두 와서 사 간다. 시장에서는
매매가 철로 이루어져서 마치 중국에서 돈을 사용하는 것과 같으며, 낙랑과
대방에도 공급하였다.

· 국읍마다 한 사람을 뽑아 천신에게 제사 지내는 일을 맡아보게 하며, 그를 천
군이라 하였다. 또 이들 여러 고을에는 각각 특정한 별읍이 있었는데, 이를
소도라 하였다. 거기에는 큰 나무를 세우고 방울과 북을 매달아 놓고 귀신을
섬겼다. 만약 도망하여 그 안으로 들어온 사람은 누구든 돌려보내지 않았다.

  삼한은 마한, 진한, 변한으로 이루어졌고 마한의 목지국이 삼한을
다스렸어요. 변한에는 철이 많이 생산되었어요. 나중에 변한 지역이
가야가 되었으니 가야 역시 철 생산이 많았겠지요. 소도라는 신성한
지역이 있었는데, 천군이 다스렸어요. 이곳에 범죄자가 들어가도 군
장이 쫓아 들어갈 수 없었어요. 이를 통해 삼한은 제정 분리 사회였
음을 알 수 있어요.

Q.14 옛날에 순장을 했다는데 너무 불합리해요. 그런데 왜 순장을 했을까요?

　　　　　부여의 사료를 보면 장례 풍습으로 사람을 껴묻거리로 함께 매장하는 순장의 풍습이 있다고 기록되어 있어요. 사실 가야의 지산동 고분군이나 《삼국사기》에 신라의 지증왕이 순장을 금지했다는 기록이 있듯이 순장 풍습이 널리 퍼져 있었어요. 그런데 왜 순장을 했을까요? 그것은 종교관 때문이에요. 불교나 기독교 등을 고등 종교라고 해요. 고등 종교는 체계적인 교리와 내세관을 가지고 있어요. 여기서 내세관이라는 것은 사람이 죽어서 어떻게 될 것인지에 관한 종교관인데, 천국과 지옥의 개념을 생각하면 쉬워요. 우리나라의 경우 불교를 수용하기 전의 내세관은 현재와 내세가 같다고 생각했어요. 즉, 현재 왕이면 죽어서도 왕인 것이지요. 그러니까 왕이 죽어서도 왕이기 때문에 주변 신하들이 함께 가야 한다는 생각에 순장을 한 거예요. 순장 풍습은 불교가 정착되면서 사라지게 돼요.

Q.15 연맹 왕국과 고대 국가의 왕은 차이가 있나요?

 우리나라의 사회 단위는 씨족 사회 → 부족 사회 → 군장 국가 → 연맹 왕국 → 고대 국가중앙 집권 국가 순으로 연합과 결합을 통해 발전해요. 즉, 씨족과 씨족이 결합하여 부족으로, 부족과 부족이 결합하여 군장 국가로, 군장 국가와 군장 국가가 결합하여 연맹 왕국이 되었어요. 연맹 왕국의 결합 과정에서 왕이 등장했어요. 그러다 보니 왕의 힘이 약했고 족장들은 독자적인 힘을 가지고 있었지요. 그래서 족장 회의가 고대 국가의 귀족 회의로 정착하게 되는 것이죠. 시간이 흘러 왕의 힘이 강해지면서 고대 국가로 발전하게 되고요.

고대 국가중앙 집권 국가는 왕위를 부자 상속하고, 율령을 반포하고, 불교를 수용하고, 정복 전쟁을 통한 영역 국가로 성장하며 왕권을 강화하였어요.

다시 말하면 연맹 왕국과 고대 국가의 공통점은 왕이 있다는 것이고, 차이점은 연맹 왕국은 왕의 힘이 약하고 고대 국가는 왕의 힘이 강했다는 점이에요.

Q.16 고구려, 백제, 신라는 어떻게 중앙 집권 국가로 성장했나요?

 삼국의 발전 과정을 한눈에 볼 수 있도록 정리했어요.

① 성립(기초)

(고)태조왕 `2c` → (백)고이왕 `3c` → (신)내물왕 `4c`

② 체제 정비(율령 반포)

(백)고이왕 `3c` → (고)소수림왕 `4c` → (신)법흥왕 `6c`

③ 불교 수용(정치 이데올로기)

(고)소수림왕 `4c` → (백)침류왕 `4c` → (신)법흥왕 `6c`

④ 전성기(최대 영역)

(백)근초고왕 `4c` → (고)광개토 대왕, 장수왕 `5c` → (신)진흥왕 `6c`

　　정리한 내용을 보면 신라가 중앙 집권화 과정이 늦어요. 중국과 직접 교류를 하지 못했기 때문이죠. 그러나 신라가 한강 유역을 차지하고 중국과 직접 교류를 하게 되면서 삼국 통일의 길을 열게 돼요. 그래서 삼국 시대 전성기의 기준이 한강이에요. 한강을 중심으로 삼국이 경쟁을 했어요.

Q.17 신라는 왕을 부르는 명칭이 변했는데, 왜 그랬나요?

신라의 왕명은 거서간 - 차차웅 - 이사금 - 마립간 - 왕으로 변했어요. 의미를 살펴보면 거서간은 군장, 차차웅은 제사장이란 뜻을 지녀요. 그러니까 왕이 군장과 제사장의 역할을 하고 있다는 것을 알 수 있어요. 이사금은 이가 많은 연장자라는 의미로, 박·석·김씨 중에서 연장자가 왕이 됐어요. 마립간은 내물왕 때부터 사용하였는데, 대군장이라는 의미로 김씨가 왕위를 독점했음을 보여 주고 있어요. 상대적으로 왕권 역시 강해졌겠죠. 왕은 중국식 왕의 이름으로 지증왕 때부터 사용하게 되었는데, 왕권이 강화되었음을 보여 주고 있어요.

🌐 신라 왕을 부르는 명칭의 변화

명칭	시기	의미와 특징
거서간	1대 박혁거세	군장, 신령한 제사장
차차웅	2대 남해	무당, 제사장
이사금	3대 유리 ~ 16대 흘해	연장자, 계승자
마립간	17대 내물 ~ 21대 소지	대수장, 대군장
왕	22대 지증왕 이후	중국 혹은 불교식 왕호, 중국식 시호

Q.18 가야에서 철의 생산이 많았는데도 왜 중앙 집권 국가로 발전하지 못했을까요?

 가야는 삼한의 변한 지역에서 연맹 왕국으로 성장한 국가예요. 변한의 특산물이 철이니까 당연히 가야의 특산물 역시 철이겠죠. 가야의 덩이쇠는 화폐처럼 사용되었고 낙랑, 왜 등에 철을 수출했어요. 이처럼 많은 철을 가지고 있으면서도 가야는 중앙 집권 국가로 발전하지 못했어요. 그 이유는 주변국인 백제와 신라의 압박 때문에 중앙 집권 국가로 발전하지 못했던 거예요.

Q.19 삼국은 왜 불교를 받아들였을까요?

삼국은 중앙 집권 국가로 가기 위해 불교를 수용했어요. 우리 역사의 경우, 부족과 부족이 결합하여 국가를 형성하다 보니 부족마다 신이 있어 왕을 중심으로 통합하기가 어려웠어요. 그래서 왕실이 불교 수용을 주도하여 통합의 구심점으로 사용했어요. 또한 왕이 곧 부처^{왕즉불} 사상라는 논리를 이용하여 왕실의 권위를 높였어요.

불교는 경전을 중시하는 교종과 참선을 중시하는 선종이 있는데, 통일 신라 시대에는 왕권 전제화의 목적으로 교종이 유행했어요. 반면에 신라 하대는 호족과 결합한 선종이 유행했고 이것은 고려를 건국하는 데 큰 영향을 미쳐요.

해골물 이야기로 유명한 승려 원효가 불교의 대중화에 노력해요. 의상은 중국에서 화엄종을 배워 화엄 사상을 전했어요. 혜초는 인도 기행문인 《왕오천축국전》을 썼어요.

고려 시대에는 교종과 선종의 통합 운동이 일어나는데, 의천은 교종을 바탕으로 선종을 통합한 천태종을 창시하고, 지눌은 선종을 바탕으로 교종을 통합한 조계종을 창시해요.

조선은 성리학을 바탕으로 한 유교 국가를 표방했어요. 당연히 불교는 위축될 수밖에 없었지요.

박물관에 가면 삼국 시대 국가 중에 신라의 유물이 상대적으로 많은 이유가 있나요?

 삼국 시대의 유물 중에 신라의 유물이 상대적으로 많은 것을 볼 수 있어요. 이것은 무덤 양식의 차이 때문에 그래요. 직접적으로 말하면 도굴에 문제가 있었어요. 그러니까 신라의 무덤이 도굴이 적었다는 이야기겠죠. 삼국의 고분에 관해 이야기해 볼까요?

고구려는 처음에는 돌을 쌓아 계단식으로 만든 돌무지무덤을 만들었으나 점차 굴식 돌방무덤으로 바뀌었어요. 백제는 무덤 속에 통로와 방을 만들고 흙으로 덮는 굴식 돌방무덤을 주로 만들었어요. 굴식 돌방무덤은 무덤으로 들어가는 통로가 있어 입구를 찾으면 들어갈 수 있어요. 그래서 도굴의 표적이 되었고 많은 유물이 도굴당해서 현재 남아 있는 게 거의 없다는 게 아픈 현실이죠.

신라는 시신을 넣은 널에 돌을 쌓고 거대한 봉분을 쌓아 만든 돌무지덧널무덤을 주로 만들었어요. 바로 신라의 유물이 많이 남은 이유지요. 이후 굴식 돌방무덤으로 바뀌게 돼요.

신라 금귀고리

Q.21 백제의 유물인 칠지도가 일본에서 발견되고, 고구려의 유물인 호우명 그릇이 신라에서 발견된 건 어떤 이유일까요?

 칠지도는 일곱 개 가지 모양의 칼로, 일본 국보로 지정된 유물인데, 근초고왕 때 만들어 백제가 일본에 하사한 칼이에요. 그러니까 그 당시 백제와 왜가 교류하고 있다는 증거가 되지요. 이 칼엔 상감 기법을 이용한 명문이 쓰여 있어요. 현재 일본 측은 일본이 백제에 보내려 만들었다고 주장하고 있는데, 그 당시 일본의 철제 제작 기술 수준과 맞지 않는 주장일 뿐이에요.

호우명 그릇은 경주 호우총에서 발견된 그릇으로, 고구려에서 광개토 대왕의 업적을 기리기 위해 만든 그릇이에요. 신라 무덤에서 고구려의 그릇이 발견되었다는 것은 고구려와 신라의 관계를 나타내는 증거가 되지요. 광개토 대왕 비문에 신라 내물왕이 신라에 쳐

들어온 왜구를 격퇴한 이야기가 있듯이 고구려와 신라는 교류 관계였음을 나타내고 있어요.

이처럼 삼국은 여러 나라와 교류하고 있었음을 유물로써 보여 주고 있어요.

칠지도

Q.22 무령왕릉은 왜 벽돌로 만들었을까요?

5세기 고구려의 광개토 대왕이 죽고 장수왕은 수도를 평양으로 천도하고 남하 정책을 폈어요. 그 결과 고구려는 한강 유역을 차지했어요. 그리고 충주 고구려비중원 고구려비를 건립했어요. 이것은 백제와 신라에는 위기 상황이었죠. 특히 백제는 수도를 뺏기는 치욕을 당하게 됐어요. 문주왕은 475년에 웅진공주으로 수도를 천도하고 동성왕은 신라와 나제 동맹을 강화결혼 동맹하는 등 백제는 다시 일어나기 위해 애썼어요. 그래서 무령왕은 중국의 남조와 교류를 통해 선진 문물을 받아들였어요. 그 예가 바로 무령왕릉이에요. 무령왕릉은 굴식 돌방무덤에 내부를 벽돌로 쌓아 만든 무덤인데, 벽돌무덤은 우리나라에서 찾아볼 수 없는 무덤 양식이에요.

Q.23 김유신은 신라 사람일까요? 가야 사람일까요?

 신라의 삼국 통일은 김춘추와 김유신을 빼놓으면 이야기할 수 없지요. 김춘추는 진골 출신으로 김유신 세력과의 결합을 통해 왕에 오르게 되죠. 그런데 김유신은 김해 김씨인데 당시 김해 지역은 금관가야 지역이었어요. 그러니까 김유신 집안은 전기 가야를 이끌어 가던 금관가야 사람으로, 금관가야가 해체되면서 신라의 귀족으로 편입되었어요. 신라의 귀족으로 편입한 김유신은 삼국 통일 과정에서 중요한 역할을 해요.

Q.24 삼국 시대의 문화재와 고대 일본의 문화재가 비슷해요. 왜 그럴까요?

삼국의 문화 전파는 일본 고대 문화의 형성에 많은 영향을 미쳤기 때문에 비슷한 점이 많아요. 고구려는 일본에 불교, 회화, 종이, 붓을 전해 주었는데, 승려 담징은 종이와 먹의 제조 방법을 알려 주고 호류사에 금당벽화를 남겼다고 알려지기도 했어요. 혜자는 쇼토쿠 태자의 스승이 되었고 혜관은 불교를 전해 주었어요. 백제는 유학, 불교, 그림, 천문, 역법을 전해 주었어요. 아직기와 왕인은 천자문과 논어를 전해 주었고 노리사치계는 불상과 불경을 전해 주었지요. 신라는 배를 만드는 기술조선술과 제방을 쌓는 기술축제술을 전해 주었고 가야는 토기 제작 기술을 전해 주었어요.

그래서 백제의 금동 미륵보살 반가 사유상과 일본의 고류사 목조 미륵보살 반가 사유상, 고구려의 수산리 고분 벽화와 일본의 다카마쓰 고분 벽화, 가야의 수레 토기와 일본의 스에키 토기가 모양과 느낌, 그리고 이미지가 서로 비슷한 것을 확인할 수 있어요.

Q.25 신라의 삼국 통일 과정이 보여 주는 의미와 한계가 궁금해요.

　　　신라의 삼국 통일 과정을 살펴보면, 648년에 신라와 당은 나당 연합군을 결성해요. 나당 연합군은 660년에 백제를 멸망시켜요. 연개소문이 죽고 혼란을 겪던 고구려는 668년에 멸망하고요. 나당 연합 당시 평양 이남의 땅은 신라가 차지하기로 했으나 당은 도호부와 도독부를 통해 한반도 전체에 대한 야욕을 보여요. 그리하여 나당 전쟁을 하게 돼요. 675년 매소성 전투와 676년 기벌포 전투에서 신라가 승리를 거두면서 당은 물러나게 되고 이로써 신라는 삼국을 통일하게 됩니다.

　신라의 삼국 통일은 의의와 한계를 함께 나타내고 있어요. 외세^당를 이용했고, 고구려 전 영역을 차지하지 못하고 대동강에서 원산만 이남의 불완전한 통일이라는 점이 한계로 남아요. 반면 나당 전쟁을 수행하면서 자주적인 통일을 이루었고, 삼국 통일을 위해 삼한 일통의 민족 문화와 민족의식을 만드는 데 기반이 되었다는 점은 의의로 꼽을 수 있겠죠.

　아 참! 삼국 통일 이후 고구려와 백제에는 어떤 움직임이 있었을까요? 흑치상지, 왕자 풍, 복신, 도침 등이 백제 부흥 운동을 일으켰고, 고연무, 검모잠, 안승 등이 고구려 부흥 운동을 일으켰어요. 신라는 부흥 운동을 직·간접적으로 지원해 줬고요. 나당 전쟁을 하고 있었기 때문에 신라와 함께 당과 맞서 싸우게 한 것이지요. 그 과정에서 많은 부흥 운동이 실패로 끝마치게 되었죠.

Q.26 골품제도 속 6두품은 많은 제약 속에서 어떤 역할을 했나요?

 신라의 신분제는 성골과 진골의 '골'과 6~1두품의 '품'으로 구성되어 골품제라고 불려요. 성골과 진골은 귀족이므로 모든 특권과 혜택을 누렸어요. 이를 통해 신라가 귀족 사회라는 것을 알 수 있죠. 반면에 6두품은 아무리 능력이 뛰어나도 6관등인 아찬까지밖에 올라갈 수 없었고, 관복, 수레, 가옥 등 많은 제약을 받았어요.

그래서 6두품은 당나라로 건너가 외국인을 대상으로 한 과거 시험인 빈공과에 합격하여 당의 관리로 진출했어요. 삼국이 통일되고 왕은 왕권 전제화를 위해 6두품을 정치적 조언자로 등용하였지만, 신분적 한계를 극복하지 못하고 신라 하대에는 반신라 세력이 되어 고려를 건국하는 데 큰 역할을 해요.

Q.27 신라 사람들이 어떻게 살았는지 알 수 있을까요?

 일본 도다이사에서 통일 신라의 민정 문서가 발견되었
어요. 민정 문서는 서원경^{청주} 인근 4개 촌락을 대상으로
작성된 문서로, 남녀별, 연령별 인구수, 토지의 종류와 면적, 가축의
수종, 나무의 수종 등에 대한 정보를 3년마다 촌주가 기록했어요. 이
를 통해 조세, 신분, 농사 등에 대한 정보를 알 수 있어요.

Q.28 삼국을 통일한 신라는 어떻게 왕권 강화 (왕권 전제화)를 했나요?

삼국을 통일한 신라는 왕권을 강화하려고 노력했어요. 무열왕은 집사부 시중의 권한을 강화하여 귀족 회의 상대등의 힘을 약화하였어요. 신문왕은 국학을 설치[682]하여 유교 정치 이념을 확대하려고 노력했고, 관료전을 지급[687]하고 녹읍을 폐지[689]했어요. 녹읍은 지급받은 토지의 수조권과 노동력을 자유롭게 쓸 수 있는 토지 지배력이 강한 제도예요. 반면에 관료전은 토지의 수조권만 인정하는 제도예요. 또한 농민들에게 정전[722]을 주어 조세를 확보했어요. 그러나 선덕왕 이후 왕권이 약화되면서 신라는 급격하게 쇠퇴했어요.

Q.29 토지 제도를 공부하면 수조권과 소유권이라는 말이 나오는데 설명해 주세요.

 소유권이라고 하면 개인이 토지의 주인으로 토지에 대한 권리를 행사할 수 있다는 뜻이에요. 그런데 수조권이라는 개념이 어려울 거예요. 수조권은 한자로 거둘 수, 조세 조, 권리 권 자를 쓰고 있어요. 즉, 조세를 거둘 수 있는 권리라는 뜻이에요. 토지 제도는 농민이 경작하는 민전을 기반으로 하고 있어요. 민전은 가을에 곡식을 거두면 일정량을 국가에 세금으로 내죠. 그런데 관리나 귀족에게 나눠 주는 토지는 소유권을 주는 것이 아니라 민전에 대한 수조권을 주는 거예요. 이것을 토지를 '분급받는다'라고 해요. 그러니까 해당 민전은 세금을 국가에 내는 대신 분급받은 관리나 귀족에게 내는 것을 말하는 거예요.

훗날 고종이 1898년 광무개혁을 통해 지계^{토지 대장}를 발급하면서 근대적 토지 소유권을 인정하게 돼요.

54

Q.30 발해는 고구려 유민과 말갈족이 세운 국가라는데 그럼 발해는 우리의 역사인가요?

 발해는 고구려 부흥 운동의 결과로 대조영이 고구려 유민과 말갈족과 함께 세운 나라예요. 고구려 유민은 소수 지배층, 말갈족은 다수 피지배층인 구조를 보여 줌으로 발해는 고구려를 계승하는 국가지요. 지배층의 성씨가 고구려인이 다수이며, 일본에 보내는 외교 문서에 '고려', '고려국왕'이라고 쓰여 있어요. 그리고 온돌, 석등, 기와, 무덤 양식 등 건축 양식이 고구려 문화와 동질성을 보여 주고 있어요. 이렇듯 발해는 고구려를 계승하고 있으니 우리 역사이죠.

 사료로 보는 발해

· 홍호가 지은 《송막기문》에 나타난 발해의 성씨

발해의 왕은 대씨이며, 고구려계 성씨로는 '고·이ㅎ·왕·장·양·마·배·조' 등을 들 수 있고, 말갈계로는 '실·아·주·오·미·율·공·섭·어·목·모·이ㄹ·지·사'가 여기에 해당한다.

· 유득공이 지은 《발해고》에 등장하는 '남북국'

고려가 발해사를 편찬하지 않은 것을 보면 고려가 국세를 떨치지 못했음을 알 수 있다. 옛날에는 고씨가 북에서 고구려를, 부여씨가 서남에서 백제를, 박·석·김씨가 동남에서 신라를 각각 세웠으니, 이것이 삼국이다. 여기에는 반드시 삼국사가 있어야 할 것인데, 고려가 편찬한 것은 잘한 일이다. 그러나 부여

씨와 고씨가 망한 다음에 김씨의 신라가 남에 있고, 대씨의 발해가 북에 있으니 이것이 남북국이다. 여기에는 마땅히 남북사가 있어야 할 터인데, 고려가 편찬하지 않은 것은 잘못이다.

Q.31 삼국 시대의 불상이 간다라 양식의 영향을 받았다는데 간다라 양식이 무엇인지 궁금해요.

 삼국 시대의 불상이 간다라 양식의 영향을 받았다고 해요. 간다라 양식은 동서양의 문명이 교차하는 간다라 지방^{현 파키스탄 북서부 지방}에서 발생한 미술 양식으로, 헬레니즘 미술 양식으로 불상을 제작하는 방식이에요. 헬레니즘 문화는 균형미와 조화, 인간의 아름다움을 표현하는 그리스 문화와 동양의 오리엔트 문화가 결합한 문화예요. 그러니까 간다라 양식의 불상은 균형, 조화, 인간미, 그리고 서양의 모습을 반영하여 만든 불상이지요. 삼국 시대의 불상을 보면 신체적인 균형과 비율이 좋고 아름다워요. 그리고 우리 민족과 다르게 곱슬머리로 되어 있는데, 이것을 통해 간다라 양식에 영향을 받은 것을 알 수 있어요.

간다라 양식의 영향을 받은 석굴암 본존불

Q.32 사찰(절)에 가면 탑이 있는데 탑을 왜 만들었나요?

 탑은 부처의 사리를 모시는 건축물이에요. 초기에는 목탑으로 만들어졌어요. 나무로 만들었으니 비와 물에 약해 보존하기 힘들었어요. 그래서 석탑이 제작되지요. 우리나라 석탑 중 가장 오래된 석탑은 미륵사지 석탑으로, 목탑의 형태로 만든 석탑이에요. 석탑은 점차 모양이 간결해져요. 삼국 시대에는 정림사지 5층 석탑과 같이 5층 탑이 유행하고 통일 신라 때는 석가탑과 같이 3층 석탑이 유행해요. 고려 시대에 들어오면서 이방 민족의 영향으로 다각 다층 석탑이 유행해요.

불국사 석가탑

그 밖에도 분황사 석탑처럼 돌을 벽돌 모양으로 만들어 쌓은 모전탑도 있어요.

Q.33 신라 말 풍수지리설이 유행한 까닭은 무엇인가요?

    우리가 흔히 사용하는 말 중에 명당 자리라는 말이 있는데 좋은 땅이란 뜻이죠. 한마디로 말하면 땅의 기운이 좋다는 의미인데 풍수지리에서 나오는 말이에요.

신라 말 풍수지리가 유행하는데, 이것은 신라 말 사회의 혼란과 새로운 왕조의 시작을 빗대어 말하는 거예요. '경주의 기운이 다하고 개성에 새로운 기운이 솟는다.'는 의미는 신라가 망하고 고려가 건국된다는 의미를 담은 거죠.

그 밖에도 지방을 중심으로 한 불교인 선종, 지방의 호족, 신라의 신분 제도의 한계를 느낀 6두품이 결합하여 고려를 건국하게 돼요.

Q.34 태조 왕건은 부인이 왜 많았을까요?

 신라 하대 왕권의 약화는 지방 통제력의 약화로 이어 졌어요. 이런 상황에 지방에서 호족이 등장했어요. 호족 은 스스로 장군 또는 성주라 했고, 군진 세력, 해상 세력으로 지방을 통치했어요. 호족과의 결합 과정에서 고려가 건국되었죠. 호족은 사 병을 가지고 있어 정략결혼을 통해 호족 세력을 견제해야 했어요. 그래서 부인이 많은 거예요.

그 밖에도 힘 있는 호족에게 왕씨 성을 하사하여 혈연관계를 맺는 사성 정책과 지방의 호족에 사심관이라는 관직을 주어 그 지역의 지 배권을 인정하게 해 주었어요. 또한 호족의 자식을 중앙으로 불러들 여 관리하는 기인 제도도 시행했어요.

Q.35 광종이 노비안검법을 시행한 이유는 무엇인가요?

 고려 초기, 호족을 효과적으로 견제하고 세력을 약화해야 하는 숙제가 있었어요. 태조 왕건은 정략결혼, 사성 정책, 사심관 제도, 기인 제도 등을 통해 호족을 견제했어요. 그런데 태조 왕건이 죽은 이후 왕권이 불안정했고 다시 호족의 세력이 커졌어요. 이때 광종이 왕위에 올랐고, 광종은 왕권 강화에 노력한 결과 이에 성공했어요. 노비안검법은 원래 양인이었던 노비를 풀어 주는 제도로 국가의 재정을 확보하고, 호족을 군사적·경제적으로 약화시켰어요. 노비의 대부분이 사병이었기 때문에 노비안검법을 통해 사병을 혁파하게 된 것이죠. 그 밖에도 후주 사람 쌍기의 건의로 과거 제도를 시행하고 관리의 등급에 따라 관복의 색을 다르게 하는 공복을 제정하고 귀족을 숙청했어요. 이처럼 강화된 왕권을 지녔기에 왕을 황제라 칭하고 광덕, 준풍 등 연호를 사용하였어요.

참! 고려 후기 공민왕 때 신돈을 통해 전민변정도감을 실시하였는데, 전민변정도감 역시 권문세족이 불법적으로 소유한 토지와 노비를 원래대로 되돌려 놓아 권문세족을 약화시키려는 목적으로 시행했어요.

《고려사》에 등장하는 노비 평량 이야기

평량은 평장사 김영관의 집안 노비로, 경기도 양주에 살면서 농사에 힘써 부유하게 되었다. 그는 권세가 있는 중요한 길목에 뇌물을 바쳐 천인에서 벗어나 산원동정의 벼슬을 얻었다. 그의 처는 소감 왕원지의 집안 노비인데, 왕원지는 집안이 가난하여 가족을 데리고 가서 의탁하고 있었다. 평량이 후하게 위로하여 서울로 돌아가기를 권하고는 길에서 몰래 처남과 함께 원지 부처와 아들을 죽이고, 스스로 그 주인이 없어졌으므로 계속해서 양민으로 행세할 수 있음을 다행으로 여겼다.

Q.36 서희가 거란의 침략에 싸우지 않고 외교 담판을 통해 강동 6주를 획득했는데 그 비결이 궁금해요.

 고려는 건국 초기부터 거란을 적대시했어요. 그 이유는 발해를 멸망시켰기 때문이에요. 고려 태조는 훈요 10조에서 거란은 짐승의 나라이므로 상종하지 말라고 했고, 거란에서 보낸 낙타 50필을 만부교에 매달아 굶겨 죽인 사건처럼 적대했어요.

거란은 고려를 세 차례 침입했는데, 1차 침입 때 서희는 적장 소손녕과 외교 담판을 통해 싸우지도 않고 강동 6주를 얻어요.

담판 내용을 살펴보면, 소손녕이 서희에게 예를 갖추라고 했을 때 동동한 신하이므로 할 수 없다고 하여 소손녕을 당황하게 했고, 다음으로 거란은 발해에서 시작했으니 고려가 거란을 침입했다는 질문에 고려는 고구려를 계승하였으니 원래 주인이 우리라고 대답했어요. 마지막으로 거란과 가까운데 왜 송과 교류하느냐는 질문에 여진족이 막고 있어 못하고 있으니 여진족을 쫓아내면 교류하겠다고 하며 강동 6주를 얻게 되었지요.

서희는 그 당시 국제 정세를 정확히 판단하고 있었어요. 거란^요은 중원^{중국 본토}에 진출하기 위해 고려와 송의 관계를 끊어야 했어요. 거란은 송을 공격할 때 고려가 뒤에서 공격하면 전쟁에 부담이 있어 강동 6주를 주어 무마시키려고 한 것이죠. 서희가 국제 정세를 바라보는 안목과 정확한 판단이 있었기 때문에 가능했어요.

거란의 침입을 대하는 서희의 상소문

식량이 넉넉하면 성을 지킬 수 있고 싸움에서도 이길 수 있을 것입니다. 적의 약점을 잘 알고 틈을 보아 행동하면 승리할 수 있는데, 어찌 갑자기 포기할 수 있겠습니까? 하물며 식량은 백성의 명맥인데, 차라리 적의 것이 될지언정 헛되이 강물에 버리겠습니까? 거란의 동경으로부터 우리나라 안북부에 이르는 수백 리는 모두 생여진이 차지하고 있던 것인데, 광종 때에 이를 다시 찾고 가주, 송성 등의 성을 쌓았습니다. 지금 거란이 침공한 의도는 이 두 성을 탈취하려는 데 불과한 것입니다. 저들이 고구려의 옛 땅을 찾겠다고 주장하고 있으나 사실은 우리를 두려워하고 있습니다. 그러므로 지금 저들의 병력이 성대한 것만을 보고 갑자기 서경 이북의 땅을 떼어 준다면 이것은 옳은 계책이 아닙니다.

－《고려사》

Q.37 단재 신채호 선생님이 묘청의 서경 천도 운동을 '조선역사일천년래제일대사건'으로 부른 이유는 무엇인가요?

묘청의 서경 천도 운동은 이자겸의 난 이후 금^{여진족}에 대한 사대에 반발하여 금국 정벌을 주장하고 수도를 서경^{평양}으로 천도하자는 운동이에요. 내면에는 중앙 귀족과 지방 귀족의 갈등, 고구려 계승 이념의 차이, 전통 사상과 사대적 유교 사상의 갈등을 담고 있어요. 묘청의 서경 천도 운동은 개경파인 김부식이 진압하게 되지요. 묘청의 서경 천도 운동을 단재 신채호 선생은 《조선사연구초》에 이렇게 기록했어요.

"이는 낭가 사상과 유가의 싸움이며, 국풍파 대 한학파의 싸움이며 독립당 대 사대당의 싸움이며, 진취 사상 대 보수 사상의 싸움이니 묘청은 곧 전자의 대표요, 김부식은 곧 후자의 대표이다. 만일 김부식이 패하고 묘청이 이겼더라면 조선사가 독립적·진취적으로 진전했을 것이니 이 전투를 어찌 '조선역사일천년래제일대사건'이라 하지 않겠는가."

단재 신채호 선생이 묘청의 서경 천도 운동을 '조선일천년래제일대사건'이라고 한 것은 조선이 일본의 식민지가 된 이유가 사대사상을 가진 세력이 진압했기 때문이라고 보고 있어서예요. 만약 묘청이 승리했다면 조선은 일본의 식민지가 되지 않았을 것이라고 단재 신채호 선생은 판단한 것이지요.

Q.38 무신 정변은 왜 일어났을까요?

　　　　무신 정변이 일어난 원인을 보면 무관에 대한 차별이 제일 컸어요. 고려는 관리, 공신, 신분 등에 대해 토지를 지급하는 전시과 제도가 있어요. 일종의 봉급을 주는 것과 같다고 생각하면 돼요. 다만, 그 당시는 화폐의 유통이 원활하지 않아 토지를 지급하고 수조권을 지급했어요. 그런데 무관은 문관에 비해 적은 토지를 받았기 때문에 당연히 불만이 쌓인 거예요.

정치적인 모습을 보면 이자겸의 난[1126]과 묘청의 서경 천도 운동 [1135]의 진압 이후 왕권은 약화하였지만, 문벌 귀족의 권한이 강해지고 많은 토지를 소유하게 되었어요. 반대로 무관의 역할은 적어질 수밖에 없었어요. 거기에 의종의 향락이 더해 무신 정변이 일어났어요.

1170년 의종의 보현원 행사 도중 대장군 이소응과 젊은 무관이 수박희 경연을 하였는데 대장군이 졌어요. 이때 문신 한뢰가 대장군 이소응의 뺨을 때렸고, 보현원에서 정중부, 이의방, 이고 등이 난을 일으켰어요.

Q.39 최충헌의 노비였던 만적이 반란을 일으킨 이유는 무엇인가요?

 무신 정변의 특징은 상하 위계질서가 무너진 하극상 풍조가 만연했다는 점이에요. 그래서 많은 봉기가 일어났어요. 조위총과 김보당은 무신 정변에 반대하며 난^{반무신란}을 일으켰고, 김사미, 효심과 같은 농민은 신분 해방과 생존권을 위해 봉기했어요. 천민들 역시 봉기했어요. 무신 정변의 특징인 하극상과 신분 파괴는 천민 신분에게는 절실했거든요. 망이·망소이의 난^{공주 명학소의} ^난, 전주 관노의 난, 만적의 난이 대표적이죠.

그런데 최충헌의 사노비였던 만적은 '왕후장상의 씨가 따로 있느냐. 상전을 죽이고 노비 문서를 태워 노비가 없어지면 우리도 공경대부^{높은 지위}를 차지할 수 있다.'고 주장하며 봉기했지만 실패했어요.

Q.40 원 간섭기 고려의 모습이 궁금해요.

　　강화도로 수도를 옮기고 고려는 몽골과 40여 년간 싸웠어요. 삼별초의 항쟁이 대표적이에요. 삼별초는 원래 최씨 무신 정권 당시 치안 유지를 위한 야별초에서 시작된 집단이에요. 이후 야별초를 좌별초, 우별초로 나누고 몽골의 포로였던 병사들로 신의군이 조직되어 삼별초가 돼요. 이들은 개경으로의 환궁과 몽골에 항복하는 것에 반대하고 저항했어요. 배중손 장군을 중심으로 강화도에서 저항했고 진도로 옮겨 용장성을 쌓고 저항했어요. 다시 제주도로 옮겨 김통정 장군을 중심으로 저항했지만 결국 실패로 돌아갔죠.

　　이제 원 간섭기의 모습을 볼까요? 고려 왕은 원의 공주와 결혼하고 원의 부마국이 돼요.

　　원은 정동행성을 통해 내정 간섭을 했어요. 정동행성은 원래 동쪽을 정벌하기 위한 기구로 일본 정벌을 위해 만들었어요. 두 번의 일

삼별초군이 몽고군과 항쟁하기 위해 쌓은 진도의 남도 진성

본 원정이 태풍으로 실패했어요. 일본은 이 태풍을 신풍神風 : 신이 불어 준 바람이라고 불러요. 일본어로 가미카제라고 해요. 어디서 많이 들어본 단어지요? 맞아요. 일본이 제2차 세계 대전 당시 조직한 자살 특공대예요. 이제 가미카제의 어원을 알겠죠?

한편 고려의 관제는 낮아져요. 왕의 명칭을 원에 충성스러운 왕이라 하여 충○왕으로 정해요. 2성 6부 제도는 1부 4사 제도로, 중추원을 추밀원으로, 도병마사는 도평의사사로 낮추었어요. 쌍성총관부철령 이북, 동녕부자비령 이북, 탐라총관부제주도를 설치하여 영토 역시 축소되었어요.

원은 결혼도감을 설치하여 여자를 공녀로 데려갔고, 친원 세력이 새로운 지배층으로 등장하는데, 이들이 권문세족이에요. 원에 공녀로 갔다가 황후가 된 기황후와 그의 오빠인 기철은 당연히 고려에서 막강한 힘을 발휘했겠지요?

고려에는 몽골풍이 유행해요. 변발, 호복을 즐겨 입게 돼요. 몽골은 이름을 더럽게 지으면 오래 산다고 해서 개똥이, 소똥이, 분녀처럼 이름을 더럽게 지었어요. 연지·곤지를 찍게 되고, 증류주인 소주가 들어오게 돼요. 그런데 몽골에도 고려의 풍습이 유행해요. 이를 고려양이라고 해요.

Q.41 고려 불상은 왜 못생겼을까요?

통일 신라의 불상은 조화와 균형미가 있어요. 반면에 고려의 불상은 투박하고 거대하며 부처의 얼굴은 우리 주변에서 만나는 친근한 얼굴이에요. 이는 지방의 호족들이 자신의 힘을 과시하기 위해 자신의 얼굴과 자신감 있는 모습, 그리고 개성 있게 불상을 만들었기 때문이에요. 논산 관촉사 석조미륵보살입상을 찾아보면 쉽게 이해가 되겠죠!

Q.42 우리나라 불교의 특징 중 하나가 호국불교라는데 그 모습들이 궁금해요.

호국불교는 '불심으로 나라를 지킨다.'라는 뜻으로 나라가 어려울 때 부처의 힘과 불심으로 나라를 지킨다는 사상이에요. 신라의 황룡사 9층 목탑과 고려의 대장경이 대표적이에요.

황룡사 9층 목탑은 신라 주변국의 침입을 부처님의 힘으로 막기 위해 세웠어요. 9층인 이유는 신라에는 9개의 주변국이 있었기 때문이에요. 이 황룡사 9층 목탑은 고려 때 몽골에 항전할 당시 불탔어요.

대장경은 부처의 설법과 규칙, 해설을 모은 책인데, 우리는 외세가 침입하면 대장경을 조판했어요. 거란이 침입했을 때 초조대장경을 제작했고, 몽골의 침입으로 초조대장경이 불에 타자 팔만대장경을 제작해요. 현재 팔만대장경은 합천 해인사에 보관되어 있고, 세계문화유산에 등재되어 있어요.

고려 시대에도 강화도 등지에서 바닷가 간척이 이루어졌다는데 사실인가요?

 강화도에 가면 해안선이 직선으로 되어 있어요. 그 이유는 간척 사업을 통해 농지를 만들었기 때문이죠. 강화도의 간척 사업이 고려 때부터 시작돼요. 고려는 양전 사업과 개간을 장려했어요. 황무지를 개간하면 일정 기간 세금을 면제해 주는 방식으로 경작지를 늘렸어요. 경작지가 늘어나면 국가의 세금도 늘겠죠. 그런데 고려는 몽골과 항쟁을 통해 수도를 강화도로 옮겼어요. 강화도가 섬이다 보니 경작지가 부족했고 대규모 간척 사업을 벌이게 된 것이지요. 또 영종도 역시 간척 사업으로 넓어졌어요.

Q.44 우리는 옛날에 주변국과 어떻게 교역했나요?

대외 무역은 매우 중요해요. 선진 문물을 받아들이고 국내에 없는 물품을 구하는 역할을 하기 때문에 각 나라는 주변국과 무역을 했어요. 근대 이전의 대외 무역은 일반적으로 아래의 표와 같아요. 우리는 중국과 비단, 자기 등 사치품과 약재, 서적, 문방사우 등 선진 물품을 수입하고 인삼, 화문석, 나전칠기 등 특산물을 수출했어요. 여진족, 말갈족, 거란족 등 북방 민족과 쌀, 농기구, 농업 서적 등 농업 관련 물품과 서적, 문방사우 같은 선진 물품을 수출했고 말, 모피 등을 수입했어요. 왜와는 북방 민족과 같이 농업 관련 물품과 선진 물품을 수출하고 수은, 유황 등을 수입했어요.

중국 ──선진 물품, 사치품──▶ 고려(조선) ──농업 관련 물품, 선진 물품──▶ 북방 민족, 왜

중국 ◀──특산품── 고려(조선) ◀──특산품── 북방 민족, 왜

Q.45 고려 시대 여성들은 어떻게 살았을까요?

 고려 시대 여성은 차별을 받았을까요? 관직 진출에 제약을 받은 것은 사실이에요. 하지만 가정 내의 지위는 남성과 동등했어요. 재산 상속에 남녀 구분이 없었고, 특별히 장자를 우대하는 것도 없었어요. 여성의 재혼이 자유로웠고, 재가한 자녀의 차별도 없었어요. 호적은 태어난 순으로 기록했고, 사위가 처가의 호적에 입적하여 처가에서 생활하기도 했어요. 아들이 없으면 제사를 딸이 지냈어요. 사위, 외손자도 음서의 혜택을 받았어요.

그런데 조선 시대가 되면서 유교의 영향으로 여성은 제한을 받게 돼요. 남성 중심의 가부장적 질서와 상하 간 마땅히 따르는 질서인 종법 제도가 강화되면서 고려 시대와 다른 모습을 보여요. 여성은 재혼할 수 없고, 재가한 자녀는 서얼이라고 하여 신분적 제약을 받아요. 족보에 기록하지 못하고, 제사에 참여할 수 없어요. 아들이 없으면 양자를 들이게 돼요. 상속은 장자 중심으로 변하게 되죠. 이런 차별은 임진왜란과 병자호란을 겪으면서 더욱더 강화돼요.

Q.46 옛날에 책은 어떻게 만들어졌고 발전하였는지 궁금해요.

   인류를 발전하게 한 원동력은 문자의 사용이에요. 인간은 문자로 기록하여 책을 만들었어요. 이를 통해 지식과 정보를 축적하고 전승했어요.

우리나라 인쇄술의 발달을 살펴볼까요?

처음 책은 필사를 했어요. 말 그대로 손으로 쓰는 방법이에요. 이 방법은 시간이 오래 걸리고 사람이 옮기기 때문에 잘못 쓰거나, 빼먹고 쓰거나, 문맥이 맞지 않는 경우가 있어요. 그래서 사료 비판이 필요해요.

필사의 단점을 보완하고 많은 책을 만들기 위해 목판에 글자를 새겨 찍는 목판 인쇄가 등장해요. 한번 새긴 판을 사용해서 계속 찍어내는 방법으로, 필사보다 빠르고 많은 책을 인쇄할 수 있지만, 목판이라는 특성상 습기에 약해 뒤틀림이 많아 보관하기 힘들어요.

우리나라에 현존하는 가장 오래된 목판 인쇄본은 무구정광대다라니경인데, 신라 경덕왕 10년 751에 제작하였고 불국사 석가탑을 보수하기 위해

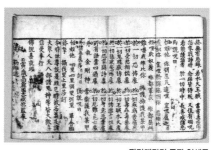

팔만대장경 목판 인쇄물

해체했을 때 발견되었어요.

목판 인쇄는 새겨놓은 목판을 보관하기 위해서는 많은 보관 시설과 공간이 필요했어요. 이를 보완하기 위해 작은 나무에 글자를 새겨 활판에 조합하여 책을 만드는 방법인 목활자 인쇄로 발전해요. 목활자를 만들어 글자를 조합하는 방식은 목판의 보관 공간을 획기적으로 줄였고, 활자를 재사용하여 여러 책을 만드는 장점이 있었어요. 하지만 나무라는 특성상 마모^{부서짐, 깨짐 등}가 심한 단점이 있었어요.

금속활자

《직지심체요절(직지)》

그리하여 나무 대신 금속으로 활자를 만드는 금속활자가 등장해요. 문헌에는 1234년 《상정고금예문》이 금속활자로 인쇄되었다고 기록되어 있지만, 현재 남아 있지 않아요. 현존하는 금속활자 인쇄본은 《직지심체요절》로 1377년 청주 흥덕사에서 조판하였고, 현재 프랑스 국립 박물관에 보관되어 있어요. 이 《직지》는 서양 구텐베르크의 금속활자 인쇄보다 약 70여 년 앞서 제작되었어요.

Q.47 신진 사대부에 대해 자세히 알고 싶어요.

신진 사대부의 시작을 최씨 무신 집권 시기 최우의 통치 기관인 서방 출신으로 보고 있어요. 본격적으로 공민왕의 개혁 정치를 통해 중앙에 진출하여 고려 말 권문세족과 대립하였고 이후 조선을 건국하게 돼요.

이들을 학자적 관료라고 해요. 학문적 교양뿐만 아니라 정치적 실무 능력을 지녔어요. 성리학을 공부하고 과거를 통해 관료가 되었고, 지방 중소 지주인 향리 출신으로 고려 시대 지방관을 파견하지 못한 속현의 행정을 담당했기 때문이에요.

Q.48 고려 말 신흥 무인 세력은 어떻게 성장했나요?

 고려 말 홍건적과 왜구의 침입 때문에 신흥 무인 세력이 성장하게 돼요.

중국은 원에서 명으로 교체하는 혼란기에 홍건적이 반란을 일으켜요. 홍건적은 고려를 침입해 약탈했어요. 그러니 이를 막기 위한 전쟁이 필요했죠.

왜구 역시 고려에 들어와 약탈했어요. 이런 상황에서 신흥 무인 세력이 등장하게 돼요. 최영, 이성계를 비롯해 화포로 유명한 최무선이 해당돼요.

후에 이성계는 위화도 회군1388을 통해 조선을 건국해요. 고려는 중원을 지배하는 명을 견제하기 위해 요동 정벌을 단행하게 되는데, 이성계는 위화도에서 압록강이 불어 움직일 수 없었어요. 그래서 4불가론을 주장하며 회군을 통해 정권을 장악하고 삼봉 정도전 등 혁명파 사대부와 함께 조선을 건국해요.

 4불가론

1. 작은 나라로 큰 나라를 거스르는 것은 옳지 않다.

2. 여름철에 군사를 동원하는 것은 옳지 않다.

3. 온 나라의 병사를 동원해 원정하면 왜적이 그 허술한 틈을 타서 침범할 염려

가 있다.

4. 무덥고 비가 많이 오는 시기이므로 활의 아교가 풀어지고 병사들이 전염병에 시달릴 염려가 있다.

Q.49 조선 건국에 중요한 역할을 한 사람이 삼봉 정도전이라는데 알려 주세요.

 삼봉 정도전은 혁명파 사대부로 이성계와 함께 조선을 건국하고 조선의 기초를 세운 사람, 즉, 조선의 정지작업을 한 인물이에요. 그에 대한 평가는 사당 현판의 유종공종儒宗功宗 글씨처럼 유교에도 으뜸이고, 공적도 으뜸이라 할 수 있어요.

민본적 재상 정치를 주장하였고, 《조선경국전》을 써서 조선 법률의 기초를 마련하였고, 《불씨잡변》을 통해 불교를 비판하고 성리학 통치 이념을 확립하였고, 《삼봉집》을 통해 재상 중심 정치를 주장했어요. 또한, 수도인 한양을 설계했어요.

이후 세자 책봉 문제로 이방원태종과 갈등하게 되고 제1차 왕자의 난 때 이방원에게 죽임을 당하게 돼요.

Q.50 조선은 유교 국가라고 하는데 왜 그렇죠?

 조선은 성리학을 바탕으로 세워진 유교 국가예요. 그래서 정치·경제·사회·문화 모든 면이 유교의 영향으로 제도가 만들어져요.

조선을 양반 관료 사회라고 해요. 이유는 성리학을 공부하고 과거 시험에 합격해야 하기 때문이에요. 과거는 양반이라는 신분제의 기본이 되고, 과거를 통해야 관료가 될 수 있어요. 그래서 조선은 고려와 다르게 능력 중심 사회의 모습을 보여 주고 있어요.

경제는 농업을 중시하고 상공업을 억제하는 중농 억상 정책을 시행해요. 유교적 경제관에 의해 물질이 세상을 어지럽게 한다고 생각해서 상공업을 억제했어요.

Q.51 중국에 사대를 했다고 하는데 구체적으로 알고 싶어요.

 사대는 작고 약한 나라가 크고 강한 나라를 섬기는 것을 말해요. 즉, 중국을 섬기는 것을 말해요.

대외 관계에서 사대를 통해 얻는 것은 주변국과의 전쟁을 피할 수 있고 국제적 지위를 확보하여 왕권을 안정시킬 수 있다는 점이에요. 선진 문화의 도입이 쉬워지고 국제 무역도 원활해지고요.

사상적으로 중화주의, 존화주의를 바탕으로 하고 있어요. 중국이 세상의 중심이므로 중국을 높여야 한다는 사상이죠. 대표적으로 조선 초기 태종의 명을 받아 이회 등이 제작한 지도인 '혼일강리역대국도지도'를 보면 지도의 중심에 중국이 있어요. 이를 통해 중국 중심의 세계관천하관을 볼 수 있어요. 이런 존화주의가 지나치면 중국에 대한 맹목적인 사대의 모습을 보여 줘요. 기자조선을 숭상하고 대의명분을 강조하여 병자호란과 삼전도의 굴욕을 겪게 되죠.

하지만 조선 후기 실학의 등장과 서학의 유입으로 중국 중심의 세계관에서 벗어나게 돼요. 특히 18세기 서양 선교사에 의해 제작된 지도인 '곤여만국전도'가 조선에 들어왔고 이를 통해 중국도 세계 속의 일부라는 것을 알게 되었어요.

Q.52 고려의 관리 등용 제도와 조선의 관리 등용 제도에는 어떤 차이가 있나요?

 관리 등용 제도는 음서와 과거로 나눌 수 있어요. 음서는 관리의 자제들이 시험을 치르지 않고 관리에 등용되는 제도이고 과거는 시험을 통해 등용되는 제도에요. 고려와 조선은 음서와 과거를 통해 관리를 등용해요. 과거 제도는 고려 때 광종이 후주 사람 쌍기의 건의로 처음 시행하였어요.

고려와 조선의 관리 등용 제도를 비교해 보면 음서의 경우 고려는 5품 이상 관리의 자제에게 혜택을 주고 조선은 2품 이상 관리의 자제에게 혜택을 주었어요. 고려의 음서는 귀족적 성격을 가지고 있어 관직을 세습하는 수단이 돼요. 또 특이한 것은 사위나 외손자에게도

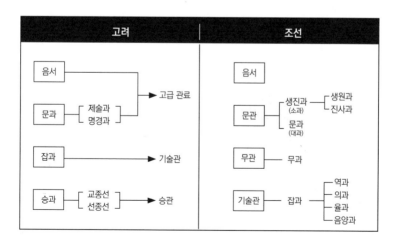

혜택을 주어 고려 여성의 지위가 높았음을 알 수 있어요. 조선의 음서는 음서의 혜택을 받아 관리에 진출했을지라도 고위 관리로 진출하려면 반드시 과거에 합격해야 해요. 그러니까 조선은 능력을 중시하는 모습을 보여 주고 있어요.

과거 제도는 고려는 문과·잡과·승과, 조선은 문과·무과·잡과로 이루어졌어요. 비교하면 무과는 조선에 들어와 실시되었어요. 무과 시험이 없던 고려는 세습하거나 승진, 선발했어요. 잡과는 고려에 비해 조선은 천시했어요. 조선이 성리학을 바탕으로 한 유교 국가이기에 기술을 천시했기 때문이에요. 고려는 승과가 있었는데 승려에 품계를 주었고 국사·왕사 제도를 뒷받침했어요.

문과 시험을 치르는 모습

Q.53 왕이 나이가 너무 어릴 땐 어떻게 나라를 다스리나요?

일반적으로 왕이 20세가 되면 친정이라고 해서 직접 통치를 해요. 20세를 약관이라고 하는데, 갓을 쓰는 나이라고 해서 성인이란 의미를 지니기 때문이에요.

왕이 나이가 어리면 직접 통치하기가 힘들겠죠? 그래서 나이가 어리면 대신 통치하는 대리정을 해요. 대리정은 일반적으로 섭정이라고 하는데, 왕세자가 다스리는 것을 대리 청정이라 하고, 황태후, 대왕대비 등 여자가 다스리는 것을 수렴 청정이라고 하고, 신하가 하는 것을 섭정이라고 해요.

Q.54 조선의 지배층을 양반이라고 하는데 '양반'은 어떤 의미인가요?

 조선의 지배층을 양반이라고 해요. 양반이 되려면 반드시 과거 시험에 합격해야 돼요. 과거 시험은 문인 관료를 선발하는 문과, 무인 관료를 선발하는 무과, 기술관을 선발하는 잡과가 있어요. 여기서 양반은 문과와 무과 시험에 합격한 사람을 말해요. 그래서 문무 양반이라고 하는 것이죠. 양반은 조선 사회에서 지배층이면서 모든 특권을 누렸어요.

Q.55 조선 시대에 서얼이 신분적 제약을 받았다는데 서얼에 대해 알려 주세요.

 "아버지를 아버지라 부르지 못하고 형을 형이라 부르지 못하는…." 홍길동전에 나오는 대사인데 서얼인 홍길동이 자신의 신분적 제약을 잘 표현했어요. 서얼은 조선 사회에서 신분적인 제약을 받았지요.

서얼은 첩의 자식을 가리키는 말로, 양인 첩의 자식을 서, 천인의 자식을 얼이라고 해요. 고려 시대에는 서얼에 대한 차별이 두드러지지 않았어요. 조선에 들어와서 성리학이 자리 잡으면서 서얼을 차별하게 되지요.

서얼은 가정에서도 천하게 여겼고, 재산 상속권도 없으며, 관직 등용에도 제약을 받았어요. 하지만 서얼들은 신분 상승과 능력 발휘를 위해 끊임없이 노력하였고, 18세기 후반 정조가 규장각 검서관으로 서얼을 등용하게 되었어요. 이후 1894년 갑오개혁에 의해 신분 제도가 완전히 폐지돼요.

Q.56 백정이 천민이죠? 더 자세히 알고 싶어요.

 백정이라고 하면 천민, 도살업에 종사하는 사람이라고 알고 있을 거예요. 사실 고려 시대와 조선 시대의 백정은 달라요.

고려 시대에 백정은 백정 농민이라고 해서 직역을 부담하지 않는 농민, 즉 일반 농민을 말하고 있어요.

그러나 조선 시대에 들어와 천민으로 낮아졌고, 도살, 가공, 판매 등 가축과 관련된 직업을 통틀어 지칭하게 되었어요. 백정은 천민 중의 천민으로 인식되었어요. 이들은 평량갓^{패랭이}을 쓰고 있어 한눈에 봐도 백정임을 알 수 있었어요. 그래서 동학 농민 운동 당시 폐정 개혁안에 '백정의 평량갓을 없앤다.'라는 개혁안이 있었어요. 1894년 갑오개혁으로 신분제가 폐지되었지만 백정들은 계속 차별을 받았어요. 그래서 1923년 조선형평사를 조직하여 백정의 차별 대우를 개선하자는 운동을 전개했어요.

Q.57 농업을 중시하는데
그렇다면 국가는 어떤 노력을 했나요?

 농업은 국가의 뼈대가 되는 산업이에요. 왜냐하면 농민은 조세와 역을 담당하기 때문이죠. 농민이 줄어든다는 것은 국가의 재정이 줄어든다는 뜻이겠죠. 그래서 다양한 농민을 보호하는 정책을 펼쳤어요. 농서와 농기구를 보급하고, 농번기에 잡역을 금지하고, 자연재해로 인한 피해를 받으면 세금을 감면해 줬어요. 농민에게 개간을 장려했고 개간한 땅에 일정 기간 세금을 면제해 줬어요. 가난한 농민을 위해 각종 구휼 기관을 설치했어요. 고구려는 진대법, 고려는 흑창, 의창, 조선은 상평창을 운영했어요. 또한 고리대 이자의 상한선을 원금을 넘지 않도록 하여 농민이 토지를 뺏기지 않도록 했어요.

Q.58 오늘날 서울대학교가 있다면 과거에는?

 각 국가는 인재 양성을 통한 왕권 강화를 위해 최고 교육 기관을 설치했어요. 오늘날로 말하면 국립 대학인데 유교를 배웠어요.

고구려는 태학을, 통일 신라는 국학을, 고려는 국자감을, 조선은 성균관을 설치했어요.

Q.59 《조선왕조실록》은 어떻게 만들고 어디에 보관했나요?

   《조선왕조실록》이란 조선 시대 왕들의 재위 기간 일들을 편년체^{연대순으로 기록하는 서술 방식}로 기록한 역사서를 말해요. 태조부터 철종까지 25대 472년간의 방대한 기록이에요. 그런데 고종과 순종은 실록은 있지만 포함되지 않아요. 일제의 간섭과 왜곡이 심해 포함되지 않았어요. 실록은 객관성이 제일 중요하거든요.

실록 작성 방법은 왕이 살아 있을 때 사관이 사초를 작성해요. 왕이 죽으면 실록청을 설치하고 가초, 시정기, 승정원일기 등 여러 자료를 비교하여 작성해요. 그리고 사고에 보관해요. 그러니까 왕은

전주 사고

자신의 사초와 실록을 볼 수 없어요.

실록은 초기 춘추관, 충주, 성주, 전주의 사고에 보관했어요. 임진왜란 때 전주 사고의 실록이 보존되어 춘추관, 태백산, 오대산, 정족산, 적상산의 사고에 보관했어요.

이후 춘추관 사고본은 화재로 사라졌어요. 오대산 사고본은 일제 강점기 일본이 가져가 동경제국대학에 보관했는데, 관동대지진[1923] 때 불에 타버려 일부만 남아 있어요. 적상산 사고본은 6.25 전쟁 때 북한으로 넘어가 김일성종합대학에 보관되어 있고, 정족산 사고본은 서울대학교 규장각 한국학연구소에, 태백산 사고본은 국가기록원 부산지원에 보관되어 있어요.

《조선왕조실록》은 국보 제151호로 지정되어 있고 세계기록유산에 등재되어 있어요.

'백성을 가르치는 바른 소리'라는 뜻을 지닌 훈민정음은 세종대왕이 1443년에 창제하여 1446년에 반포했어요. 훈민정음 어제 서문을 읽어 보면, 세종대왕은 백성들이 자기의 뜻을 편하고 쉽게 쓸 수 있도록 글자를 만들었다고 밝히고 있어요. 훈민정음은 발음 기관의 모양과 소리의 위치를 본떠 만든 과학적인 글자로, 자음과 모음으로 소리를 기록할 수 있어요. 하지만 집현전 학자인 최만리가 반대 상소를 올린 것처럼 반대도 만만치 않았어요. 훈민정음을 언문, 아랫글, 반절문 등으로 낮추어 불렀어요. 그렇지만 여자와 서민들은 훈민정음을 사용하였지요. 그러다가 일제 강점기를 거치면서 한글의 중요성을 인정하고 꾸준한 연구를 통해 현재 우리나라의 글자로 인정, 널리 사용하고 있어요.

세종대왕은 훈민정음뿐만 아니라 많은 업적을 남겼어요. 앙부일구, 자격루 등 장영실을 통해 많은

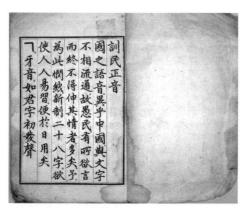
《훈민정음 해례본》 / 출처 국립한글박물관

발명품을 제작했어요.

세종대왕은 간의, 혼천의를 통해 천문과 역법을 연구하여 한양을 중심으로 한 《칠정산 내편》을 만들었어요. 그 이유는 농사를 지을 때 정확한 시기를 알 수 있는 달력과 천문 기술이 필요했기 때문이에요. 그 당시 중국에 사대를 하고 있어 중국의 달력을 사용해야 했고, 천문 기술을 개발할 수 없었어요. 하지만 세종은 이 일들을 진행해요.

'세종대왕' 하면 애민 정신이 떠오르죠. 훈민정음, 수많은 발명품, 천문 기술과 달력은 백성을 사랑하는 세종대왕의 모습을 잘 보여 주는 것들이에요.

Q.61 조선은 왜 삼사를 두었을까요? 삼사에서는 어떤 일을 하나요?

 조선의 통치 제도는 고려보다 체계적인 모습을 보여 주는데, 이는 과거를 통해 능력 중심으로 선발하기 때문이에요. 고려는 과거를 시행하기는 했지만 음서 제도의 혜택 범위가 크기 때문에 귀족이 권력을 독점할 수 있었죠. 그래서 중서문하성 재신과 중추원의 추밀이 도병마사와 식목도감을 겸직하는 복잡한 구조로 되어 있어요.

반면에 조선은 삼사를 두어 왕권을 견제했어요. 삼사를 '언관직' 이라고 부르기도 해요. 삼사는 임금에게 직언하는 사간원, 감찰을 담당하는 사헌부, 경연 등 유교를 통해 정책을 결정하는 홍문관으로 구성돼요. 왕이 올바른 정치를 할 수 있도록 돕는 역할을 맡았어요.

고려 역시 삼사와 같은 역할을 하는 '대성'이 있었는데, 어사대의 대간과 중서문하성의 낭사가 이 일을 했어요.

Q.62 조선 시대 사림은 어떻게 등장하고 성장했죠?

사림은 고려 말 온건파 사대부들로, 조선이 건국된 뒤 정계에 진출하지 않고 산림에 묻혀 살거나 지방에 낙향하여 살았어요. 그러다가 길재의 학풍을 받은 김종직과 그의 제자들이 성종 때 언관직삼사에 진출하면서 정치에 참여하게 되었어요. 하지만 사림은 조선 건국 세력인 훈구와 갈등을 겪게 되면서 사화를 통해 큰 피해를 봐요. 그러나 사림의 기반인 서원과 향약을 통해 세력을 점차 확대하였고, 을사사화 이후 정치의 주도 세력이 돼요.

사림의 계보

Q.63 기묘사화 때 조광조가 죽었다는데 그 이유를 자세히 설명해 주세요.

사림은 성종 때 김종직과 그의 제자들이 언관직삼사으로 정계에 진출하면서 훈구 세력과 갈등을 겪게 되었고 사화를 입어요. 연산군 때 사초 문제로 무오사화를, 폐비 윤씨 사건으로 갑자사화를 겪게 되지요.

훈구 세력에 의해 연산군을 폐위시키고 중종이 왕위에 올랐어요. 중종은 훈구를 견제하기 위해 정암 조광조를 등용했어요.

조광조는 도학 정치를 주장하였고 위훈 삭제 문제, 현량과 실시, 소격서 폐지, 향약 실시 등 급진적인 개혁 정치를 펼쳤지요. 이 중에서 위훈 삭제 문제는 훈구와 갈등이 심했어요. 반정을 주도한 공신의 공훈을 박탈하고 이로 받은 토지와 노비를 환수했어요. 그래서 훈구 세력인 남곤, 심정, 홍경주 등은 나뭇잎에 꿀로 '주초지왕'이라는 글씨를 썼고 벌레가 갉아먹게 한 뒤 나뭇잎을 중종에게 보여 주며 조광조가 왕이 된다고 하여 조광조를 비롯한 사림들이 화를 입는 사건이 기묘사화예요.

조광조의 편지

    명종 때 을사사화가 있었는데, 이는 윤임, 윤형원의 외척 간의 싸
움으로 문정왕후와 윤형원이 승리하게 돼요. 이때 정난정의 역할이
컸어요.

Q.64 사람들이 나뉘어 붕당 정치를 하게 되었다는데 붕당 정치가 무엇이고 어떻게 나뉘었는지 알려 주세요.

　　　붕당은 학문적, 정치적 입장을 공유하는 집단을 말해요. 붕당 정치는 공론을 통해 상호 비판과 견제를 원리로 하는 정치예요.

선조 시기 권력을 장악한 사림은 이조 전랑 문제로 김효원과 심의겸이 대립하며 동인과 서인으로 분열해요. 동인과 서인으로 불리는 것은 도성을 중심으로 어디에 사느냐로 나눠서예요. 김효원은 동쪽, 심의겸은 서쪽에 살았어요. 이조 전랑직은 낮은 관직이지만 인사권

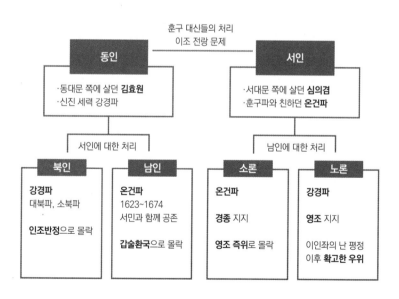

을 가지고 있어 권한이 매우 강해요. 이조 전랑직에 누가 있느냐에 따라 권력이 움직였어요.

동인이 다시 남인과 북인으로 나뉘게 되는데, 정여립 모반 사건을 조사한 서인 송강 정철이 광해군을 세자에 책봉하자고 주장해요. 선조는 적장자를 낳아 세자에 앉히고 싶어 했어요. 이로 인해 정철은 파직당하고 정철의 처벌 문제에 대해 강한 처벌을 주장하는 북인과 온건한 처벌을 주장하는 남인으로 나뉘어요.

이후 서인은 노론과 소론으로 나뉘는데, 윤증이 아버지 윤선거의 조문을 송시열에게 부탁해요. 송시열은 윤선거가 병자호란 때 도망간 사실을 조문에 기록해요. 윤증은 송시열에게 지워 달라고 부탁하지만 거절해요. 이 사건을 계기로 소장층^{젊은 세력}인 윤증 세력은 소론으로, 노장층^{기존 세력}인 송시열 세력은 노론으로 갈라서게 돼요. 노론은 영조 때 사도 세자의 문제로 시파와 벽파로 다시 나뉘어요.

Q.65 조선이 임진왜란에서 승리할 수 있었던 이유는 무엇인가요?

 도요토미 히데요시가 일본의 센고쿠 시대전국 시대를 통일하죠. 그 여세를 몰아 조선을 침략하기 위해 말도 안 되는 정명가도명을 치러 가니 길을 열어라를 내세워 1592년 조선을 침략해요. 이것이 바로 임진왜란이에요.

임진왜란은 왜군의 조총이라는 신무기에도 불구하고 우리가 승리하게 돼요. 바로 의병과 수군의 활약 덕분이지요. 전쟁 초기, 왜군은 전라도 지역을 제외하고 북진을 해요. 군량미 보급을 위해 기다린 거예요. 이때 의병과 관군은 곡창 지대인 전라도를 방어했어요. 그리고 의병들은 전국 각지에서 지속해서 항전했어요. 또 바다에

는 이순신이 지휘하는 수군이 제해권을 장악하고 있어 왜군은 오도 가도 못하게 되었고 정유재란을 일으켜 반전을 노렸지만 헛수고였죠. 이런 상황이 지속되면서 도요토미 히데요시가 죽고 7년간의 전쟁은 끝나게 돼요.

임진왜란 당시 동래성 전투를 묘사한 그림

Q.66 임진왜란 이후 일본은 어떻게 변화하였나요?

 임진왜란 이후 일본은 도쿠가와 이에야스가 권력을 장악하고 에도 막부를 성립했어요.

에도 막부는 네덜란드 상인하고만 나가사키 항에서 무역을 했고, 서양의 학문을 받아들여요. 이것을 난학이라고 해요. 네덜란드를 꽃이 많은 나라라는 의미로 화란이라고 불렀어요. 그러니까 난학은 네덜란드 학문이라는 뜻이죠. 또 임진왜란으로 조선과의 국교가 단절되었는데, 이를 정상화하기 위해 노력했고, 그 결과 조선은 일본에 조선 통신사를 파견해요.

이뿐만 아니라 임진왜란 당시 조선에서 성리학자와 도공을 많이 잡아갔는데, 이들은 일본에서 이황의 성리학을 발전시켰고, 도자기 문화를 꽃피웠어요.

일본을 방문한 조선 통신사의 모습을 그린 17세기 그림. 영국박물관 소장

Q.67 삼전도의 굴욕이 뭐예요?

　　임진왜란 이후 광해군이 왕이 되었고 광해군은 북인과 함께 정치를 했어요. 북인은 임진왜란 당시 의병장을 많이 배출한 붕당이에요.

　　중국 대륙에는 명과 후금ᵅ이 싸우고 있었어요. 광해군은 명과 후금ᵅ 모두 자극하지 않았어요. 일명 중립 외교를 한 것이죠. 광해군은 전쟁을 피하고 전후 복구를 위해 노력했어요.

　　명은 조선에 원병을 요청했어요. 조선은 명에 사대를 하고 있었기 때문에 군대를 보내야 했어요. 이때 광해군은 강홍립 장군에게 중국의 정세를 살피고 명과 후금ᵅ에 모두 유연하게 행동하라고 명했고 강홍립은 후금ᵅ에 항복하고 돌아왔어요. 이런 모습이 서인은 싫었겠죠. 결국 서인은 광해군을 몰아내고 인조를 왕으로 세웠어요.

　　서인은 명에 대한 명분으로 친명 배금을 주장했고, 중국의 주인이 된 청은 조선에 사대를 요구했어요. 조선은 김상헌의 주도로 청과 싸우자는 척화론과 최명길 주도의 화친하자는 주화론이 서로 다투었지만 척화론이 수용돼요. 인조는 남한산성에서 항전했지만 결국 항복하고 삼전도의 굴욕을 당해요.

삼전도의 굴욕을 묘사한 부조

Q.68 임진왜란 이후 조선 사회가 많은 변화를 겪게 되어 근대 태동기의 모습을 보인다고 하는데 구체적인 모습을 설명해 주세요.

임진왜란 이후 조선 사회는 많은 변화를 겪어요. 그래서 이 시기를 근대 태동기로 설정하고 있어요. 근대 태동기라는 것은 근대 사회로 가기 위해 꿈틀거림이 있는 시기라는 뜻이에요. 이 움직임이 지속되고 강해지면 근대 사회로 진행되겠지요. 하지만 아쉽게 우리나라는 일제 강점기로 인해 강제적으로 근대화를 겪으면서 왜곡되는 아픔을 겪어요. 만약에 일본의 식민지가 되지 않았다면 우리는 자발적으로 근대화를 이룰 수 있었겠죠. 왜냐하면 근대 태동기의 모습을 보여 주었기 때문이에요.

근대 사회는 정치적으로는 민주주의, 경제적으로는 자본주의, 사회는 평등 사회의 모습인데, 임진왜란 이후 근대 사회의 모습으로 가기 위한 모습을 보여 주고 있어요.

정치적으로는 붕당 정치에서 찾을 수 있어요. 붕당 정치는 상호 견제, 균형, 비판을 하는 정치 원리인데, 오늘날 민주주의 방식과 비슷해요. 그런데 붕당 정치를 당쟁이라고 해서 서로 싸우는 모습이라고 생각하는데, 이것은 일제가 조선을 지배하기 위해 만든 논리예요 _{식민사관}.

경제적으로는 상품 경제의 발달이 나타나죠. 이앙법^{모내기}의 확대로 생산량이 증가했고, 고구마, 감자, 옥수수 같은 구황작물과 담배,

104

인삼 등 상품작물이 재배되면서 잉여 생산물이 등장하고 상품 경제의 자본을 마련하게 돼요. 거기에 세금을 쌀이 아닌 돈으로 내면서 _{조세의 금납화} 상품 경제가 급속도로 발전하게 돼요. 이는 자본주의의 싹 _{자본주의 맹아}을 틔울 수 있는 배경이 되고요.

사회적으로는 신분제가 동요하게 돼요. 양 난 과정에서 군공, 납속, 공명첩을 통해 신분이 상승하게 되었고, 경제적으로 광작을 경영하여 부를 축적한 부농의 신분이 상승하고, 반면에 몰락 양반도 등장하면서 신분제가 흔들리지요.

거기에 서민 문학의 발달로 서민 의식이 성장하고 실학, 서학, 동학 등이 널리 퍼지면서 근대 의식이 가속화되었지요.

Q.69 대동법 시행으로 나타난 사회 변화에는 어떤 것들이 있나요?

 조선의 농민들은 전세토지세, 공납특산물 납부, 역군역과 요역을 납부했어요. 이 중에서 공납의 문제가 가장 컸어요. 공납은 토산물과 특산물을 내는 것인데, 지역과 특성에 상관없이 부과했어요. 그래서 농민들은 부과 물품의 몇 배 가격을 주고 구입해 납부하는 방납을 했어요. 이런 문제점을 해결하기 위해 유성룡, 이이는 쌀로 내는 수미법을 주장하였고 17세기에 대동법이 시행되었어요. 대동법은 1608년 경기도에서 처음 시작되어 점차 확대되었고 1708년 전국적으로 시행돼요.

대동법은 특산물현물을 직접 내지 않고 미쌀, 포옷감, 전돈으로 내는 제도예요. 이후 현금으로 납부조세의 금납화하게 되었고 필요 물품은 국가가 인정한 상인인 공인이 구입해 납부하는 방식으로 바뀌어요.

대동법의 시행으로 농민의 부담은 줄어들고 국가가 인정하는 공인의 등장은 상품 경제의 발달을 가져와요. 이것은 조선이 근대 사회로 가기 위한 태동을 하는 계기가 돼요.

Q.70 예송 논쟁은 왜 일어났나요?

　　예송 논쟁은 효종과 효종비의 상복 문제로 서인과 남인이 충돌한 사건이에요. 인조는 소현 세자를 세자로 책봉했는데 청에서 돌아온 후 죽게 돼요. 그래서 봉림 대군이 왕위에 올라요. 그가 바로 효종이에요. 효종은 인조가 당한 삼전도의 굴욕을 갚기 위해 북벌을 추진하였지만 죽게 되면서 북벌 계획은 실현되지 못해요.

　　효종이 죽고 1차 예송 논쟁인 기해예송[1659]이 발생했는데, 효종이 세자가 아니니까 상복을 입는 기간을 1년으로 하자는 서인과 왕의 대우를 하자며 3년을 입자는 남인이 충돌했어요. 이때 서인의 의견이 받아들여졌어요.

　　효종비가 죽고 2차 예송 논쟁인 갑인예송[1674]이 발생했는데, 효종비도 효종과 같이 상복을 9개월을 입자는 서인과 왕비의 대우를 하자며 1년을 입자는 남인이 충돌했어요. 결국 남인의 의견이 받아들여졌고 남인이 주도권을 잡게 돼요.

Q.71 환국 정치가 붕당 정치의 변질을 가져왔다고 하는데 왜 그런가요?

숙종 때는 권력을 특정 붕당에 몰아 주는 편당적인 인사를 하는 환국 정치를 시행해요. 경신환국[1680] 때는 서인이, 기사환국[1689] 때는 남인이, 갑술환국[1694] 때는 서인이 권력을 잡아요. 이 과정에서 일당 전제화가 나타나게 돼요. 일당 전제화는 붕당 정치의 원리인 상호 견제, 균형, 비판의 기능을 무너뜨려 붕당 정치가 변질돼요.

Q.72 왜 갑자기 탕평 정치에서 세도 정치로 변했나요?

영조와 정조는 탕평 정치를 시행해요. 탕평 정치는 겉으로 보면 붕당 정치를 하는 것처럼 보여요. 왕은 붕당과 상관없이 탕평파에 들어와야만 관리로 등용했어요. 즉, 왕이 붕당의 세력 균형을 이끌어 가는 형태예요. 그러다 보니 붕당은 스스로 힘을 잃게 되고 그 과정에서 외척의 힘이 강해져요.

정조가 죽고 순조가 어린 나이에 왕위에 올라요. 당연히 왕권이 약하겠지요. 이때 왕실의 외척인 안동 김씨가 권력을 장악하는데, 이것이 세도 정치예요. 세도 정치란 특정 가문왕실의 외척, 안동 김씨, 풍양 조씨이 비변사를 장악하고 권력을 독점하는 정치예요.

이 시기, 관직을 사고파는 매관매직이 만연해졌고 삼정전정·군정·환곡이 문란해졌으며, 농민 수탈로 홍경래의 난[1811], 임술농민봉기[1862] 등 농민 봉기가 발생했어요.

영조 어진 / 출처 국립고궁박물관

Q.73 금난전권이 뭐예요?

　　금난전권은 일종의 독점권인 도고권으로 육의전이나 시전 상인이 난전을 금지할 수 있는 권리를 말해요. 너무 어렵죠? 다시 말하면 국가가 허가한 육의전 상인이나 시전 상인이 허가받지 않은 난전의 물건을 팔지 못하게 하는 권리로, 상업을 위축시켰어요. 1791년에 정조는 신해통공으로 육의전만 금난전권을 인정하게 되는데, 이 조치로 상품 경제 활동이 활발히 이루어지게 되었어요.

Q.74 관념적인 성리학이 지배하는 조선에서 실학이 등장했는데 실학은 어떤 학문이며 잘 정착되었나요?

조선 후기 사회는 상품 경제의 발달로 신분제의 동요 등 다양한 사회 모순이 발생했음에도 성리학은 해결책을 제시하지 못했어요. 관념적이고 형식적인 성리학의 한계를 느끼게 되었고 사회의 해결 방안으로 실학이 등장했어요.

실학은 크게 중농학파와 중상학파로 나눌 수 있어요.

중농학파는 농업 문제 해결에 중점을 두고 토지 개혁을 통해 자영농을 육성하고자 했어요. 유형원은 토지를 사람들에게 균등하게 분배하는 균전제를 주장했고, 이익은 농지의 일정 부분을 영업전으로 하여 매매를 금지하게 하여 자영농을 보호하자는 한전론을 주장했으며, 정약용은 토지의 공동 소유, 공동 노동, 공동 분배를 내용으로 하는 여전론을 주장했어요.

중상학파는 상공업을 발전시키고 청의 문물을 도입하여 기술을 혁신하자고 주장을 해서 북학파라고도 해요. 대표적인 학자로 홍대용, 박지원, 박제가 등이 있는데, 이들은 상공업 진흥과 화폐의 사용, 수레와 선박을 이용한 상품 유통을 주장했어요. 하지만 이들의 주장은 실현되지 못했어요. 대부분 정권에서 밀려나 있어 정책에 반영되지 못했고, 성리학적 질서를 부정하지 못하는 한계를 보여 줬어요. 하지만 이들의 사상은 개화 사상에 큰 영향을 주었어요.

Q.75 조선 후기 이양선은 왜 출몰했을까요?

홍선 대원군 집권 무렵, 조선 해안에 이양선이 많이 나타나요. 이양선은 한자로 다를 이, 모양 양, 배 선 자로 조선의 배와 모양이 다른 배를 말해요. 왜 이양선이 많이 나타났을까요? 서양은 산업 혁명 이후 자본주의가 발달하면서 시장이 필요했고 해외로 눈을 돌렸어요. 하지만 단순한 시장이 아니라 상품 시장과 원료 공급지의 역할을 동시에 할 수 있기를 원했지요. 그래서 식민지를 개척하기 시작했어요. 이런 과정에서 이양선은 조선에 나타나 문호 개방과 통상을 요구해요. 경제적으로 앞선 서양에서 문화 개방과 통상을 요구하면 식민지로 만들기 쉬웠기 때문이에요.

1866년의 프랑스 선박들

Q.76 흥선 대원군이 펼친 정책의 목적과 종류에는 어떤 것들이 있나요?

흥선 대원군은 아들인 고종이 12세에 왕이 되자 국왕의 아버지로 섭정을 해요. 흥선 대원군은 개혁 정치를 펼치는데, 왕권 강화와 민생 안정, 그리고 쇄국 정책_{통상 수교 거부 정책}을 펼쳐요. 세도 정치의 문제점을 직접 경험했기 때문이죠. 세도 정치는 왕권을 약화시켰고, 수탈로 인해 민생이 불안정했기 때문이에요.

먼저 왕권 강화 방안으로 인재를 등용하고 안동 김씨를 억압하고 세도 정치의 핵심 기관인 비변사를 축소했어요. 서원을 47개만 남기고 철폐했어요. 그리고 왕의 권위를 위해 경복궁을 중건해요. 이 과정에서 당백전을 남발해서 경제적인 혼란을 주었지만 그대로 진행했어요.

다음으로 민생 안정을 위해 세도 정치 시기 백성 수탈의 수단으로 사용했던 삼정을 개혁해요. 삼정은 전정, 군정, 환곡을 말하는데, 세도 정치 시기에 전정에

흥선 대원군 이하응 초상

이름 없는 세금^{무명잡세}을 부과하여 수탈했고, 군정에는 인징, 족징, 백골징포, 황구첨정 등을 통해 군포를 부과하여 수탈했어요. 환곡은 곡식을 빌려주어 이자를 붙여 갚는 제도인데, 모래와 겨를 섞어 빌려주거나 높은 이자를 받아 수탈했어요. 흥선 대원군은 불법적으로 토지를 빼앗지 못하게 하는 등 전정을 개혁하고 양반에게도 군포를 부과하는 호포제를 실시하였으며, 환곡제를 폐지하고 개인이 운영하도록 하는 사창제를 시행하게 했어요.

Q.77 프랑스에서 외규장각 도서(의궤)가 반환되었다는데 의궤가 어떤 책이고 왜 프랑스에 있었나요?

프랑스에 있는 외규장각 도서의궤가 2011년에 우리나라로 돌아왔어요. 외규장각 도서는 1866년 병인양요 때 프랑스에 의해 약탈당한 우리 유산이에요. 흥선 대원군은 천주교인을 탄압하는 병인박해를 시행했고, 이때 조선에 들어와 활동하던 12명 중 9명의 신부가 죽게 돼요. 이를 빌미로 프랑스가 강화도로 쳐들어오는데, 이 사건이 병인양요예요.

의궤는 국가의 각종 행사, 건물의 축조 등을 날짜순으로 기록한 책으로, 그림과 글로 기록했어요.

1871년에는 미국과 신미양요를 겪게 돼요. 미국은 1866년 제너럴 셔먼호 사건을 빌미로 강화도에 쳐들어와 방어하던 어재연 부대의 군기를 가져가요. 이 군기는 2007년에 임대 형식으로 우리나라에 돌아왔어요. 이 두 번의 양요를 겪으면서 흥선 대원군은 전국에 척화비를 건립했지요.

 척화비 비문 내용

서양 오랑캐가 침범했을 때 싸우지 않는 것은 화친하자는 것이요,
화친하자는 것은 나라를 파는 것이다.

Q.78 위정척사 운동은 무엇인가요?

　　위정척사는 '바른 것은 지키고 사악한 것은 배척한다.' 라는 뜻으로, 바른 것은 성리학이고 사악한 것은 천주교, 외세를 의미해요. 다시 말하면 성리학적 질서를 지키고 외세를 배척하는 운동이죠. 그래서 천주교, 서양 문물, 통상, 개화에 반대했어요.

　　이와 반대인 개화 운동도 있어요. 개화를 통해 조선을 지키려는 사상으로, 청의 양무운동을 모델로 개화하자는 온건 개화파와 일본의 메이지 유신을 모델로 개화하자는 급진 개화파가 있어요.

Q.79 강화도 조약이 우리나라 최초의 근대적 조약이면서 불평등 조약이라고 하는데 어떤 점이 불평등한 건가요?

 　　일본이 1875년에 일으킨 운요호 사건으로 인해 조선은 1876년 강화도 조약으로 문호를 개방하게 돼요.

　그렇다면 어떤 점에서 조약이 불평등한 것일까요? 불평등 조약의 내용을 살펴보면 경제적 침략을 위해 개항장을 설치하고 화폐를 통용하게 하고, 관세를 협정할 수 있도록 해요. 또 침략 행위를 보호하기 위해 치외 법권 조항인 영사 재판권을 두어요. 외국인 범죄는 외국인 영사가 재판한다는 것인데, 과연 공정한 재판이 이루어질 수 있었을까요?

운요호 사건을 묘사한 일본의 그림

Q.80 동학 농민 운동은 수탈에 저항하는 농민 봉기로 보아야 하나요?

　　동학 농민 운동의 과정을 살펴보면 1기 고부 농민 봉기 시기로, 고부 군수 조병갑의 횡포로 조병갑을 쫓아내는 데 성공해요. 하지만 동학 교도에 대한 처벌로 2기 제1차 농민 봉기를 해요. 이때 황토현 전투에서 관군을 이기게 되고 전주성을 싸우지 않고 점령해요. 조선 정부는 동학군과 전주 화약을 맺어요. 이 시기를 3기 전주 화약기라고 해요. 집강소를 설치하고 폐정 개혁안 12조를 실천해요. 그런데 민씨 정권은 청에 원병을 요청해요. 일본은 갑신정변 당시 맺은 톈진 조약을 빌미로 청일 두 나라의 군대가 조선에 들어와 우리 땅에서 청일 전쟁이 일어났고, 승리한 일본군이 경복궁을 점령하자 동학 농민군은 4기 제2차 농민 봉기를 하지만 공

주 우금치 전투에서 패하면서 동학 농민 운동은 좌절돼요.

　동학 농민 운동은 단순히 수탈에 항거하는 것을 넘어서 불합리한 봉

동학 농민 운동을 묘사한 그림

건 지배 체제에 반대하고 일본 침략에 저항하는 반봉건·반외세 운동으로 농민이 개혁에 주체가 되었던 개혁 운동이에요.

 폐정 개혁안 12조

1. 동학 교도는 정부와 원한을 씻고 협력한다.

2. 탐관오리의 죄상을 조사하여 엄벌한다.

3. 횡포한 부호들을 엄하게 징계한다.

4. 불량한 유림과 양반을 징벌한다.

5. 노비문서를 불태워버린다.

6. 7종의 천인차별을 개선하고, 백정이 쓰는 평량갓^{패랭이}은 없앤다.

7. 청상과부의 재가를 허용한다.

8. 무명잡세는 모두 폐지한다.

9. 관리 채용에 지벌을 타파하고 인재를 등용한다.

10. 일본과 내통한 자는 엄징한다.

11. 공사채를 막론하고 기왕의 부채는 모두 무효로 한다.

12. 토지는 평균 분작하게 한다.

Q.81 외세의 침략 과정에서 조선을 차지하고자 경쟁했던 나라들은 어디인가요?

 조선을 차지하기 위해 청, 일본, 러시아가 경쟁해요. 청은 조선과 사대 관계를 맺은 국가이기 때문에 반드시 그 위치를 지켜야 했어요. 청은 영국으로 인해 개항을 하고 서구 열강으로부터 침략을 받고 있어 조선은 자신을 지키기 위해 중요한 나라였어요. 일본은 메이지 유신을 통해 근대화를 이루었고 제국주의 국가로 나아가기 위해 식민지가 필요했고요. 러시아 역시 제국주의 국가로 나가기 위해 얼지 않는 항구^{부동항}가 필요했어요.

이 세 나라의 경쟁은 1894년 청일 전쟁과 1904년 러일 전쟁에서 일본이 승리함으로써 조선은 일본의 식민지가 되는 아픔을 겪게 돼요.

Q.82 청일 전쟁 이후 국내 상황과 서구 열강들의 대립 상황을 정리해 주세요.

동학 농민 운동으로 촉발된 청일 전쟁[1894]에서 일본이 승리했어요. 일본은 청으로부터 요동반도와 타이완을 승리의 대가로 받아요. 그리고 국내에서는 갑오개혁이 추진되었어요. 일본의 성장을 막기 위한 러시아, 프랑스, 독일의 삼국 간섭[1895]으로 일본은 요동반도를 다시 돌려주게 되었고 국내에서는 친러파가 등용되었죠. 일본은 보복으로 을미사변[1895]을 일으켜 명성 황후를 시해하고 을미개혁을 단행해요. 두려움을 느낀 고종은 러시아 공사관으로 피신하는 아관 파천[1896]을 하게 돼요. 1897년 러시아 공사관에서 경운궁으로 환궁한 고종은 대한 제국을 반포하고 광무개혁을 실시하게 돼요.

청일 전쟁 때의 일본군

Q.83 지금과 같은 모습의 학교는 언제 생겼어요?

 조선 시대의 교육은 양반 중심의 교육이었어요. 서당에서 천자문과 유학의 기초를 배우고 난 후 한양은 4부 학당에서, 지방은 향교에서 소학, 사서 등 경전을 배웠어요. 그리고 성균관이나 서원에서 고등 교육을 받았어요.

근대 교육의 시작은 1880년대부터라고 할 수 있어요. 개화 관리와 함경도 덕원리 주민이 설립한 원산학사[1883], 통리기무아문의 부속 기관으로 통역관을 양성하는 동문학[1883], 상류층 자제를 교육한 육영공원[1886]이 생겼어요.

우리가 지금 다니는 학교는 갑오개혁 때 고종이 반포한 교육입국조서[1895]에 의해 제도가 마련되고 학교를 설립하게 되었지요.

근대 교육 초기, 많은 부분을 개신교 선교사와 애국 계몽 운동가에 의해 설립된 사립학교들이 담당했어요. 개신교 선교사들은 선교의 목적으로 학교를 설립하고 근대 교육을 시행했어요.

이화학당의 저학년생들

배재학당, 이화학당, 숭실학교 등이 대표적이에요. 애국 계몽 운동 가들은 근대화의 일꾼 양성과 외세로부터 민족을 지키기 위해 학교를 설립했어요. 오산학교, 휘문학교, 양정학교, 보성학교 등이 대표적이에요.

Q.84 근대화를 위해서 교통, 통신 등이 꼭 필요하잖아요. 어떤 점에서 근대화의 양면성이 나타나는 건가요?

  우리나라 철도는 1899년에 서울과 인천을 잇는 경인선을 시작으로 속속 개통돼요. 전화는 궁궐에 최초로 가설되어 1902년에 시외 전화도 가능하게 되었어요.

철도와 통신은 근대화를 위해 꼭 필요해요. 하지만 외세의 침략을 위한 도구로도 사용되지요. 침략을 위한 물자와 군인을 이동하고 수탈한 물자를 이동하는 데 사용되기 때문이에요. 그래서 민중들은 철도를 파괴하고 전신선을 절단했어요.

일제 강점기 때 보신각 앞을 지나는 전차

Q.85 우리는 나라가 어려우면 자발적으로 의병 활동으로 국난을 극복했어요. 그렇다면 일제의 침략 과정에도 의병 활동으로 저항했나요?

일제의 침략 과정에도 우리 선조들은 의병 항쟁으로 저항했어요. 의병 항쟁은 지속적이고 산발적으로 일본의 침략 행위를 괴롭혔어요. 이런 의병 항쟁은 크게 3시기로 나누는데, 을미의병1895, 을사의병1905, 정미의병1907이에요.

을미의병1895은 명성 황후 시해 사건과 단발령이 원인이 되어 일어났어요. 유생들과 동학 농민군 잔여 세력이 참여했어요. 이때 의병장은 유생들이었어요.

을사의병1905은 일본이 불법적으로 체결한 을사늑약에 반대해서 일어났어요. 이때 신돌석이라는 평민 의병장이 활약했는데, 평민이 의병장이라니 신분 의식이 많이 변했다는 것을 알 수 있지요.

정미의병1907은 일본이 헤이그 특사 파견을 빌미로 고종을 강제 퇴위시키고 군대를 해산시킨 사건이 원인이 되었어요. 이때도 의병이 일어났는데, 해산 군인이 의병에 가담하면서 의병 조직이 체계화되고 전술과 전투력이 향상되었어요. 그래서 전국에 13도 창의군을 결성해서 서울 진공 작전을 펼쳤지만 실패했어요.

이후 일제는 의병을 색출한다는 명목으로 남한 대토벌 작전1909을 펼쳐요. 이때 의병들은 간도와 연해주로 이동해서 무장 독립 투쟁의 기반을 마련해요.

Q.86 일본의 강압적인 을사늑약에 많은 저항이 있었다고 하는데 어떤 저항을 했어요?

일본은 1905년 러일 전쟁에서 승리하고 조선에 대한 지배를 위해 을사늑약을 맺어요. 을사늑약의 핵심적인 내용은 조선의 외교권을 뺏는다는 점이에요. 이때 우리 민족은 을사늑약 반대 투쟁을 했어요. 이상설, 조병세는 상소를 올렸고, 민영환은 자결했어요. 장지연은 황성신문에 '시일야방성대곡'이라는 글을 써서 그 억울함을 알렸고, 1907년에는 헤이그에 특사를 파견했지만 이를 빌미로 고종은 강제 퇴위하였고 민중들은 정미의병을 일으켰어요. 1908년 미국 샌프란시스코에서 장인환, 전명운이 외교 고문이었던 스티븐슨을 저격했어요. 1909년에는 안중근이 하얼빈 역에서 초대 통감인 이토 히로부미를 저격했어요.

Q.87 왜 독도의 날이 10월 25일이고 다케시마의 날이 2월 22일인가요?

 독도는 우리 땅일까요? 일본 땅일까요? 당연히 우리 고유의 영토예요. 그런데 일본은 왜 자기 땅이라고 주장할까요? 근대 이후 지리적·경제적으로 영토의 중요성이 높아지면서 독도를 일본의 땅이라고 주장하고 있어요. 최근 일본은 교과서에 자신의 땅이라고 교육하는 어이 없는 일을 하고 있지요. 그뿐만 아니라 위안부 문제 등 여러 문제에 모르쇠로 일관하고 있어요.

독도는 신라 지증왕 13년[512] 우산국울릉도을 정복하면서 우리 영토가 되었어요. 조선 시대에는 안용복이 일본으로 건너가 조선의 땅임을 확인했어요[1693]. 그러나 러일 전쟁 중 독도의 군사적·경제적 가치를 인식하고 불법적으로 빼앗았어요[1905]. 이후 연합군은 카이로 선언에서 일본이 빼앗은 영토를 돌려줄 것을 결정하고 울릉도, 독도, 제주도를 반환할 것을 기록했어요[SCAPIN 제677호, 1946]. 1951년 미국과 일본이 체결한 샌프란시스코 조약[1951]에서도 울릉도와 그 부속 도서를 대한민국의 영토로 인정했어요.

독도. 우리 수비대가 지키고 있다.

그렇다면 독도의 날은 왜 10월 25일일까요? 이날은 대한 제국 칙령 제41호가 반포된 날이에요. 울릉도를 독립된 군으로 승격하고 군수를 두어 독도를 관장하게 한 날이지요. 그리고 관보에 실어 법적 효력을 가지도록 했어요.

일본은 2월 22일을 다케시마의 날로 정하고 중앙 정부에서 행사하지 않고 지방 정부에서 행사해요. 이는 1905년 2월 22일 시마네현 고시 제40호에 독도를 시마네현의 영토로 편입되었음을 고시했기 때문이죠. 이 시마네현 고시 제40호는 관보 등에 고시하지 않았어요.

Q.88 우리 민족은 경제 위기를 맞았을 때 어떻게 극복했나요?

1904년에 체결된 제1차 한일 협약으로 시작된 고문 정치는 경제적 침탈을 위한 차관을 도입하게 하였고 차관은 1907년에 1,300만 원까지 늘어났어요. 서상돈 등의 제안으로 일본의 차관을 갚아 주권을 회복하자는 국채 보상 운동이 대구에서부터 시작해서 전국적으로 확대되고, 대한매일신보의 후원으로 진행되었어요. 이때 금주·금연 운동을 전개하였고 부녀자들은 패물을 모아 의연금을 보냈어요. 국채 보상 운동은 전국적으로 확대되었지만 친일 단체 일진회의 공격과 간사인 양기탁을 횡령으로 구속하는 등의 탄압으로 좌절되고 말았지요.

1997년에 우리나라는 외환 보유고가 줄어드는 외환 위기로 IMF 국제 통화 기금의 구제 금융 지원을 받게 되는데, 이때 국민들은 1907년 국채 보상 운동처럼 자발적으로 집집이 가지고 있는 금을 모아 빚을 갚는 금 모으기 운동을 전개했어요. 우리의 노력이 1999년에 외환 위기를 극복했다고 선언했고 2001년에 IMF의 자금을 모두 갚게 돼요.

Q.89 한국사를 공부하다 보면 일본을 일제라고 하는데 무슨 뜻이죠?

 일제라는 말은 일본 제국주의의 줄임말로, 일본이 식민지 건설의 제국주의 팽창 정책을 시행한 시기를 말해요. 그러니까 일제 강점 시기를 말하겠죠?

또 일제 강점기, 일제 침략기, 일제 식민지는 모두 같은 의미예요. 즉, 일제에 나라를 빼앗긴 1910년부터 1945년까지의 민족 수난기를 말하고 있어요.

러일 전쟁 이후 우리나라가 일본에 식민지가 되는 과정을 설명해 주세요.

1894년 청일 전쟁에서 승리한 일본은 본격적으로 러시아와 조선을 놓고 경쟁을 해요. 1904년 러일 전쟁으로 일본과 러시아가 충돌해요. 결과는 일본의 승리로 돌아갔고 일본은 본격적인 침략 작업을 진행하게 돼요. 조선이 식민지가 되는 과정을 살펴볼까요?

1904년 러일 전쟁 직후 일본은 한일 의정서를 통해 전략적인 군사 시설을 자유롭게 사용할 수 있게 되었고 러일 전쟁에서 승리해요. 승리한 일본은 외교 고문 스티븐슨과 재정 고문 메가다를 통해 고문 정치를 시행하는 제1차 한일 협약을 맺어요. 스티븐슨은 1908년 미국에서 장인환, 전명운에게 저격당해요.

1905년 국제 사회는 일본의 조선 지배를 승인해요. 미국과 가쓰라-태프트 밀약을 통해 일본은 조선을, 미국은 필리핀을 지배하는 것을 서로 인정해요. 영국과 제2차 영일 동맹을 맺고 러시아와 포츠머스 강화 조약을 통해 조선 지배를 인정받아요. 국제 사회로부터 조

러일 전쟁을 묘사한 그림

선 지배를 인정받은 일본은 제2차 한일 협약을 맺는데, 우리는 이를 을사늑약이라고 부르죠. 주요 내용은 조선의 외교권을 박탈하고 통감부를 설치하는 것으로, 이토 히로부미가 초대 통감으로 부임해요. 일본은 을사늑약으로 조선을 식민지로 만들려 했으나 의병 항쟁과 민족의 저항으로 실패하고 다음을 기약하죠. 초대 통감인 이토 히로부미는 1909년 하얼빈에서 안중근에게 저격당해요.

1907년 헤이그 특사 파견을 빌미로 고종을 강제로 퇴위시키고 차관 정치와 군대 해산을 주요 내용으로 하는 한일 신협약정미 7조약을 맺어요. 또다시 우리 민족은 해산 군인이 참여한 정미의병으로 저항해요.

민족의 저항에 부딪힌 일본은 1909년 기유각서를 통해 사법권을 빼앗고, 이어 경찰권1910을 박탈하여 민족 저항에 무력으로 대응했어요. 마침내 일제는 1910년 한일 병합 조약으로 우리의 국권을 빼앗고 조선 총독부를 설치하게 돼요.

Q.91 일본은 동양 척식 주식회사를 왜 만들었나요?

 동양 척식 주식회사는 1908년 일제가 세운 회사로, 겉으로는 조선의 땅을 개간하고 농업 발전을 돕는다고 했지만 사실 조선의 토지와 자원을 뺏는 역할을 담당했어요. 조선 총독부가 1912년부터 실시한 토지 조사 사업에서 빼앗은 토지를 동양 척식 주식회사에 넘겨 관리하게 하고 직접 농장을 경영하거나 높은 소작료를 매겨 조선인을 괴롭혔어요. 또 일본에서 이주하는 일본인에게는 싼값에 넘겨 조선에 정착하게 했어요. 동양 척식 주식회사는 영국의 동인도 회사를 모델로 만들었어요.

동양 척식 주식회사 경성지사

Q.92 이회영 형제는 왜 만주로 떠났을까요?

우당 이회영 형제는 삼한갑족이라고 해서 대대로 귀족 집안에서 태어난 백사 이항복의 후손이에요. 1910년 우리나라가 일본에 병합되었을 때 일본의 눈을 피해 가문의 재산을 처분해서 만주로 건너갔어요. 그의 가문의 추정 재산이 오늘날 금액으로 환산하면 약 1~2조 원이었는데, 급하게 처분하면서 만주로 들고 간 금액이 약 600억 원이라고 해요. 이회영 형제는 그 돈으로 신흥 무관 학교를 세워 독립군 기지를 건설하고 독립군 간부를 양성하는 데 힘썼어요. 신흥 무관 학교는 독립의 초석이 돼요.

우당 이회영

Q.93 일제 강점기 일본의 조선 통치 방법의 변화를 정리해 주세요.

 1910년부터 1945년까지 우리 민족이 일본의 식민 통치를 받는 동안 그 통치 방법은 세 번에 걸쳐 변화하였어요.

1910년부터 1919년까지를 무단 통치 시기라고 해서 폭력으로 제압하는 방법을 사용했어요. 이 시기를 헌병 경찰 통치라고도 해요. 헌병은 군인이니까 우리 민족을 군대를 동원해 강압적으로 지배했다는 말이겠죠? 법의 적용 없이 그 자리에서 처벌하는 즉결 심판과 때리는 처벌인 태형으로 우리 민족을 지배했어요. 교사와 관리들은 제복을 입고 칼을 찼고 조선어와 조선 역사를 가르치지 못하게 했어요. 경제적으로는 회사를 설립하려면 허가를 받는 회사령[1910]을 내려 조선인들의 민족 기업과 민족 자본의 성장도 막았어요. 또 근대적 토지 소유권을 확립한다는 이유로 토지 조사 사업[1912~1918]을 시행하였는데, 절차가 복잡하고 기한을 정하고 신고하게 하여 신고하지 못한 땅을 빼앗았어요. 그래서 우리 땅의 약 40%가 동양 척식 주식회사로 넘어갔어요. 이처럼 강압적으로 통치하면 될 줄 알았던 일제는 3.1 운동을 겪으면서 통치 방법을 문화 통치로 바꾸었어요.

문화 통치를 보통 경찰 통치라고도 해요. 군인이 아닌 경찰이 다스리니 좀 부드러워졌겠죠? 아니에요. 무단 통치 시기 양성한 친일파를 통해 더 집요하고 잔인하게 지배해요. 이를 고도의 통치 기만

술이라고 하는데, 경찰의 수와 장비를 늘리고 경찰 조직을 일반계와 고등계로 나누어 고등계에서 독립 운동가들을 감시하고 탄압했어요. 신문을 발행하게 하여 조선일보와 동아일보가 창간되지만, 검열을 강화하여 기사 삭제, 정간영업 정지, 폐간 등을 통해 탄압했어요. 조선인들에도 고등 교육의 기회를 주었지만 모두 친일파를 양성하는 방법이었어요. 조선의 쌀 생산량을 늘려 일본의 공업화로 인한 식량 부족을 해결하기 위해 산미 증식 계획1920~1934도 시행했어요. 일제는 조선의 생산량과는 상관없이 계획대로 수탈하였기 때문에 조선은 식량이 부족했고, 농민들은 몰락하여 소작농으로 전락하는 아픔을 겪었어요. 농민들은 소작 쟁의를 통해 저항하기도 했어요.

경제 대공황1929을 극복하기 위해 일본은 대륙 침략을 계획하게 돼요. 만주사변1931을 시작으로 중일 전쟁1937, 그리고 태평양 전쟁1941~1945, 제2차 세계 대전으로 전쟁을 확대하면서 민족 말살 정책을 시행해요. 민족 말살을 통해 일본과 조선이 하나라는 명목으로 침략 전쟁에 조선인을 강제로 동원하고 조선을 군수 물자를 보급하는 병참 기지로 사용하려 했어요.

일본으로 보낼 곡물이 쌓여 있는 제물포항

특히 조선어와 조선 역사 교육을 금지하고 황국 신민화 정책을 시행했어요. 그래서 내선 일체일본과 조선은 하나, 일선 동조일본과 조선의 조상이 같다.를 강조했지요. 황국 신민의 서사를 암송하게 하고 궁성 요배라고 해서 일본 천황에게 절하게 했어요. 또 우리의 성씨를 일본 성씨로 바꾸게 하는 창씨개명까지 시행했어요. 병참 기지화 정책으로는 남면 북양 정책을 시행했는데, 남쪽에는 경공업, 북쪽에는 중공업을 육성했어요. 북쪽은 대륙과 가까워서 발전소와 군수 공장을 건설했어요. 해방 이후 북한의 경제력이 남한보다 우월했던 이유가 바로 남면 북양 정책 때문이었지요.

일제는 태평양 전쟁 이후 국가 총동원령을 통해 인적·물적 자원을 수탈했는데, 전쟁에 필요한 물자인 쌀, 놋그릇 등을 공출했고, 많은 사람이 징용, 징병, 위안부로 끌려갔어요. 이때 친일파들은 비행기와 전쟁 물자를 헌납했어요.

창씨개명 공고문

Q.94 민족 자결주의가 등장한 이유와 우리나라에 미친 영향은 어떤 것들이 있나요?

       제1차 세계 대전의 종전 전후 미국의 윌슨 대통령은
'각 민족은 정치적 운명을 스스로 결정할 권리가 있으며,
다른 민족의 간섭을 받을 수 없다.'는 민족 자결주의를 주창해요. 민
족 자결주의는 피지배 민족^{식민지}에게 자유롭고 공평하고 동등하게
자신들의 정치적 미래를 결정할 수 있는 권리를 인정해야 한다는 내
용으로, 많은 약소민족에 희망과 용기를 주었어요.

  민족 자결주의는 패전국의 식민지에만 적용되는 제한이 있었어
요. 사실 일본은 제1차 세계 대전의 승전국이었어요. 그래서 우리 민
족은 해당되지 않았지만, 우리 민족에게 독립의 희망을 준 민족 자
결주의는 3.1 운동에 영향을 주었어요.

 민족 자결주의 원칙의 한계

'그 민족의 일은 그 민족 스스로 결정한다.'는 민족 자결주의의 원칙은 패전국
인 독일의 식민지에 해당하는 것이었을 뿐, 승전국인 일본의 식민지인 우리나
라에는 해당하지 않는 것이었다. 실제로 1919년 2월경 미국은 "한국의 병합
은 이번 전쟁(제1차 세계 대전)으로 발생한 문제가 아니어서 파리 강화 회의에서
논의의 대상은 될 수 없는 것"이라고 밝혔을 뿐 아니라, 3·1 운동이 진행될 때
미 국무부 대변인은 "일본은 조선의 독립을 허락하지 않기 때문에 윌슨 대통령

의 선언은 일본 제국 영토에서는 적용되지 않는다. 일본은 이미 조선을 제국 일부분으로 한 것이 확실해서 오늘날 조선을 이전의 상태로 복귀시키려고 하는 제안은 아무래도 불가능하다."고 하였다.

Q.95 3.1 운동 이후 변화된 독립운동의 여러 방법에 대해 자세히 설명해 주세요.

   3.1 운동은 국내외적으로 많은 영향을 주었어요. 대한민국 임시 정부 수립으로 독립운동의 구심점이 생겼고, 폭력으로 지배했던 일본은 무단 통치에서 문화 통치로 식민 통치 방법을 바꾸었어요. 또한 중국의 5.4 운동, 인도의 비폭력·불복종 운동에도 영향을 주었어요.

그뿐만 아니라 독립운동을 어떻게 할 것인지 구체적인 방법인 무장 독립 투쟁론, 실력 양성론, 외교 독립론, 자치론이 제시되었어요.

무장 독립 투쟁론은 일본과의 전쟁을 통해 독립하자는 주장으로 독립군 활동과 의열 투쟁이 여기에 해당해요. 일본과 비교도 안 되는 군사력이었지만 이들은 독립을 위해 자신의 몸을 기꺼이 바쳤어요.

실력 양성론은 일본의 식민지에서 벗어나기 위해 우리 민족의 실력을 키우자는 주장이에요. 그래서 민족 기업 육성, 물산 장려 운동, 민립 대학 설립 운동, 문맹 퇴치 운동 등을 전개했지만 지속되지 못했어요. 게다가 실력 양성의 한계를 경험한 일부 지식인들이 친일파로 변절하는 모습을 보이기도 했어요.

외교 독립론은 국제 사회와의 외교를 통해 조선의 독립을 이루자는 주장으로 대표적인 인물이 이승만이에요. 국제 사회의 이해관계 속에서 독립을 맞이한다 해도 또다시 식민지가 될 수 있는 위험성을 지녔지요.

 자치론은 일본의 식민지임을 인정하고 그 대신 조선은 조선인들이 자치하자는 주장으로 일본의 식민지를 인정했다는 문제를 가지고 있어요.

Q.96 독립군 하면 김좌진 장군과 홍범도 장군이 생각나요. 독립군들은 어떻게 활동했는지 자세히 알려 주세요.

 일제의 침략 과정에서 우리 민족은 끊임없이 항일 의병 운동을 전개했어요. 그러나 일제는 의병들을 찾아낸다는 이유로 민간인들을 학살하는 남한 대토벌 작전[1909]을 시행했지요. 민간인들의 피해가 없도록 의병들은 만주와 연해주로 이동하여 독립군 기지를 건설했고 여러 지역에 독립군 부대를 만들어 활동했어요. 홍범도의 대한 독립군은 국내에 들어와 작전을 펼쳤고 일본군의 추격에 독립군 연합 부대가 봉오동 전투[1920. 6]에서 일본군을 대파했어요. 기회를 노리던 일본군은 훈춘 사건으로 만주의 일본 영사관과 일본인을 보호한다는 명목으로 대규모 병력을 만주로 보내 독립

의병장 홍범도

군을 공격했어요. 이때 김좌진의 북로군정서군과 홍범도의 대한 독립군 등 연합 부대가 청산리 전투[1920. 10]에서 또다시 승리하게 돼요.

하지만 승리에 마냥 기뻐할 수는 없었어요. 일본군은 이에 대한 보복으로 간도의 조선인을 무차별 학살하는 간도 참변을 일으키죠. 또다시 독립군은 소련의 자유시로 이동했는데 무장 해제당

하는 자유시 참변[1921]을 겪게 돼요. 그리고 일제는 만주 군벌과 미쓰야 협정[1925]을 통해 만주 지역 내의 독립군들을 탄압했어요.

만주로 귀환한 독립군들은 독립군의 재정비 필요성을 느끼고 압록강 연안의 참의부, 남만주 일대의 정의부, 북만주 일대의 신민부로 3부를 성립해요. 이후 3부가 통합되어 남만주 지역은 조선 혁명군으로, 북만주 지역은 한국 독립군으로 통합돼요.

1930년대 무장 독립 투쟁은 일제의 만주 침략으로 중국 내 항일 감정이 고조되어, 지청천의 한국 독립군은 중국 호로군과, 양세봉의 조선 혁명군은 중국 의용군과 함께 한·중 연합 작전을 전개했어요. 1930년대 후반에 민족주의 계열 무장 단체로 조선 의용대와 사회주의 계열 무장 단체 동북 항일 연군과 조선 의용군이 대표적으로 활동했어요.

1940년대는 독립을 준비했어요. 바로 총사령관 지청천의 한국광복군[1940] 창설이에요. 한국광복군은 일본에 선전 포고를 하고 영국의 미얀마-인도 전선에서 투항 권유, 포로 심문 등의 심리전에 참전

했어요[1943]. 또한 미국의 OSS 지원으로 특수전 교육을 받고 국내 진입 작전을 계획했으나 일본의 항복으로 실행하지는 못했어요.

한국광복군의 국내 진입 작전을 위해 미군의 도노번 장군과 만난 김구

Q.97 백범 김구 선생님은 테러리스트인가요?

　　최근 백범 김구 등 많은 독립 운동가들을 테러리스트라고 말하는 일부 사람들이 있는데, 아직도 친일 사상을 가진 사람들의 주장이에요. 가슴 아픈 현실이지요.

　　이들이 테러리스트라 불리는 이유는 바로 의열 투쟁을 했기 때문이에요. 의열 투쟁과 테러리즘은 개인 또는 소수의 인원이 무력을 사용한다는 공통점을 지녀요.

　　테러리즘은 불특정 다수민간인를 공격하여 공포심을 불러일으켜 자신의 목표를 달성하려는 모습을 보여요. 하지만 의열 투쟁은 단재 신채호의 《조선혁명선언》에 기록되었듯이 일본인 관료, 친일파, 식민 통치 기관, 친일 기관 등 구체적인 대상에 대한 암살, 기관을 파괴해요. 여기서 민간인 피해는 없도록 활동하는 것이 중요해요.

백범 김구

　　대표적인 의열 투쟁은 김원봉의 의열단1919과 김구의 한인 애국단1926이 있어요.

　　의열단 활동을 보면 1920년에 박재혁의 부산 경찰서 폭탄 투척과 최수봉의 밀양 경찰서 폭탄 투척, 1921

년에 김익상의 조선 총독부 폭탄 투척, 1923년에 김상옥의 종로 경찰서 폭탄 투척, 1924년에 김지섭의 도쿄 궁성 폭탄 투척, 1926년 나석주의 동양 척식 주식회사 폭탄 투척이 있었어요.

의열단 단원들

한인 애국단의 활동으로는 1932년에 이봉창의 일본 국왕 암살 기도와 윤봉길의 상해 훙커우 공원 의거가 있어요. 특히 윤봉길은 일본 국왕 생일 축하 겸 일본군 상해 점령 축하 기념식장에 폭탄을 던져

의거에 앞서 태극기 앞에서 사진을 찍은 윤봉길

다수의 일본인 관료를 살상했어요. 이로 인해 중국의 국민당 정부가 대한민국 임시 정부를 적극적으로 지원하게 돼요.

Q.98 민족주의와 사회주의가 함께 참여한 민족 운동이 있다면서요?

     3.1 운동 이후 사회주의 사상이 유입되고 민족주의 계열에서는 일본의 식민 지배에 타협하는 자치론이 등장하면서 일본과 타협하지 않는 민족주의자와 사회주의자 단일화의 필요성이 대두해요. 6.10 만세 운동 이후 단일화 요구는 민족 유일당 운동으로 1927년 신간회 창립을 가져왔고 신간회는 전국적인 지부를 두었어요. 기회주의자^{자치론자}를 배격하고 민중 계몽 운동, 농민·노동·여성·청년·형평 등의 운동과 연계하였고, 광주 학생 항일 운동¹⁹²⁹에 조사단을 파견하여 민중 대회도 계획했어요. 하지만 이념 대립과 일제의 탄압으로 1931년 해체되었어요.

Q.99 학생의 날이 왜 11월 3일인가요?

    학생의 날이 11월 3일인 이유는 전남 광주에서 1929년 11월 3일에 일어난 조선인 학생과 일본인 학생 간의 싸움을 계기로 발생한 광주 학생 항일 운동 때문이에요.

1929년 10월 30일 광주에서 나주로 가는 통학 열차에서 일본인 학생들이 조선인 여학생의 댕기를 잡아당기며 희롱하는 것으로 시작해서 조선인 학생과 일본인 학생 간에 패싸움으로 번졌고 일본 경찰은 일본인 학생을 편들어 조선인 학생들을 구타했어요. 이 소식이 알려지자 3.1 운동과 6.10 만세 운동을 경험한 학생들은 또다시 일제에 항거했고 11월 3일에 길거리 시위를 벌였어요. 광주에서 시작된 학생들의 시위는 전국적으로 확산되었고 1930년 3월까지 지속되었어요.

Q.100 일제는 우리의 역사를 왜곡했다는데 그 의도가 무엇인가요?

　　　　일제는 우리의 역사가 자율적이고 주체적으로 발전하지 못했다고 규정하고 식민 통치를 정당화하기 위해 우리의 역사를 왜곡했어요. 이를 식민사관이라고 해요.

　내용을 보면 단군을 부정하고 조선과 일본의 조상이 같다고 하는 일선 동조론, 우리의 역사는 외국의 간섭 때문에 타율적으로 이루어졌다는 타율성론, 조선의 정치를 당쟁으로 규정하고 우리는 모이면 싸우는 민족이라고 규정하는 당파성론, 우리는 강한 나라에 항상 사대했다는 사대성론, 우리의 역사는 발전 단계가 고대 사회에서 멈추고 중세 시대가 없었고, 왕조만 교체했다는 정체성론으로 왜곡했어요. 이런 주장은 조선사 편수회와 청구학회의 주도로 이루어졌어요. 그런데 아직도 왜곡된 역사를 말하는 사람이 있어 가슴이 아파요.

Q.101 일제 강점기에도 역사 연구가 진행되었다고 하는데 어떤 연구가 진행되었죠?

　　일제의 식민사학에 저항하기 위해 많은 역사 연구가 진행되었어요. 먼저 민족주의 사학자로 박은식, 신채호, 정인보, 문일평, 안재홍 등이 있는데, 이들은 역사 연구를 독립운동의 방법으로 생각했고, 우리 민족의 주체성과 자주성을 강조했어요. 대표적으로 박은식은 민족의 '혼'을 강조했고 일제의 침략 과정과 그에 대한 투쟁 과정인 독립 운동사를 《한국독립운동지혈사》에 담았어요. 신채호는 역사를 '아我와 비아非我의 투쟁'으로 규정하고 '낭가 사상'이라는 우리의 전통 사상을 통해 주체성을 강조했으며 일본의 한국 고대사 왜곡을 비판했어요.

　　사회-경제사학자인 백남운은 식민사학인 정체성론을 비판하여 유물사관을 바탕으로 세계사적 보편 법칙고대 노예제 사회 - 중세 봉건제 사회 - 근대 자본주의 사회에 입각한 한국사 발전을 연구했어요.

　　실증 사학자로 이병도, 손진태는 문헌 고증의 방법으로 우리 역사를 실증적으로 연구했어요.

Q.102 우리나라의 독립을 국제 사회가 보장했다고 하는데 궁금해요.

    제2차 세계 대전의 종전과 전후 처리를 위해 이집트 카이로에서 미·영·중의 정상이 만나 카이로 회담[1943]을 했어요. 이때 국제 사회는 우리나라의 독립을 최초로 보장했어요. 이후 미·영·소의 정상이 만나 논의한 얄타 회담[1945. 2]에서는 우리나라의 독립을 계승했지만, 일본군의 무장 해제를 위해 38선을 설정하여 남쪽은 미군이, 북쪽은 소련군이 주둔하기로 합의했어요. 포츠담 회담[1945. 7]에서는 카이로 회담의 우리나라 독립을 재확인했어요.

Q.103 대한민국 정부 수립 과정을 설명해 주세요.

1945년 8월 15일 일제의 지배에서 우리는 광복을 맞이했어요. 하지만 얄타 회담에서 합의에 따라 군사분계선 38선으로 남북이 나뉘었어요. 모스크바 3국 외상 회의1945.12에서 한

신탁 통치 반대를 위한 집회에 모인 시민들

총선거 당시 투표소의 모습

국의 임시 정부 수립과 신탁 통치를 결정하면서 국내에서는 신탁 통치의 찬반을 놓고 좌우가 대립했어요.

미소 공동 위원회에서 한국의 임시 정부 수립을 논의했지만 결렬되어 한반도 문제는 UN에 상정되었고 남북한 총선거에 의한 정부 수립이 결정1947. 11되죠. 하지만 소련의 거부로 남한만 총선거를 통한 정부 수립1948. 2이 결정돼요. 이 결정에 반대한 김구, 김규식은 통일 정부 수립을 위해 남북 협상을 진행했지만 좌절되었고, 1948년 5월 10일에 5·10

총선거로 제헌 의회가 선출되었고 7월 17일에 헌법이 제정돼요. 이를 바탕으로 1948년 8월 15일에 대통령 이승만, 부통령 이시영으로 한 대한민국 정부가 수립되었어요. 같은 해 12월에 대한민국을 유일한 합법 정부로 유엔 총회에서 승인해요.

Q.104 박정희 대통령은 왜 유신 헌법을 만들었나요?

 1961년에 5·16 군사 정변으로 정권을 잡은 박정희 대통령은 1972년 10월에 유신 헌법을 선포했어요. 유신 헌법은 대통령의 중임 제한을 없애고 영구 집권이 가능하도록 고친 헌법이에요. 대통령은 통일 주체 국민 회의에서 선출하고 대통령은 국회의원의 1/3을 추천할 수 있었어요. 이를 통해 독재가 가능하게 되었어요. 자유와 권리를 억압당한 국민은 저항했고, 천재지변, 대규모 시위 등으로 국가 안전이 위협받는 긴급 상황에서 국민의 자유와 권리를 정지할 수 있는 특별 조치인 긴급 조치를 발표하며 민주화 운동을 탄압했어요.

1979년 부산과 마산에서 유신 체제에 반대하는 대규모 시위가 일어났어요.^{부마 민주화 운동} 이에 박정희 대통령은 계엄령을 선포하고 군

대를 동원해 진압했어요. 수습 과정에서 내분으로 박정희 대통령이 피살^{10. 26 사태}되어 유신 체제는 막을 내렸어요.

10월 유신을 발표하고 있는 청와대 대변인

Q. 105 청계천을 걷다 보니 전태일 기념상이 있더라고요. 왜 청년 전태일이 분신자살을 해야만 했을까요?

 전태일의 분신자살은 우리나라 산업화의 문제점을 보여 주는 사건이에요. 경제 개발 계획의 추진으로 산업화와 도시화가 빠르게 진행되었고, 국가 발전이라는 명목으로 수출을 늘리기 위해 임금 상승을 억제했어요. 이로 인해 노동자들은 열악한 노동 환경, 낮은 임금, 장시간 노동에 시달렸어요.

전태일은 청계천 평화시장에서 재봉사로 일했어요. 그 당시 노동 환경은 매우 열악했어요. 햇빛이 비치지 않는 다락방에서 많은 노동자가 14시간씩 일을 했고 임금은 적었어요. 또 환기 장치가 없어 폐질환에 시달리는 노동자가 많았어요. 이런 열악한 환경의 노동 현장을 보고 전태일은 노동 환경 개선과 근로기준법을 준수하라고 외쳤고 1970년 11월에 분신자살을 해요. 그의 죽음은 한국 노동 운동 발전에 계기가 되었지요

청계천 버들다리에 있는 전태일 반신상 © ARTYOORAN / Shutterstock.com

Q.106 우리는 독재에 저항해서 민주화를 이룬 나라라고 들었어요. 민주화 운동이 어떻게 진행되었는지 알려 주세요.

역사적으로 보면, 우리 민족은 언제나 불의에 대해 민중들이 일어나 저항했어요. 대한민국 정부 수립 이후 독재에 저항하고 민주주의를 쟁취하기 위한 민주화 운동으로 4·19 혁명¹⁹⁶⁰, 5·18 민주화 운동¹⁹⁸⁰, 6월 민주 항쟁¹⁹⁸⁷ 등이 있어요.

4·19 혁명¹⁹⁶⁰은 이승만 정부의 부정부패와 독재에 저항한 민주화 운동이에요. 이승만 정권은 사사오입 개헌¹⁹⁵⁴을 통해 3선 제한을 철폐하여 독재의 기반을 마련했고, 1960년 자유당의 장기 집권을 위해 3.15 부정선거를 자행했어요. 이에 민중들은 일어나 저항했고 이승만은 4월 19일에 발포와 계엄령으로 대응했지만, 민중의 저항에 결국 이승만은 대통령직에서 물러났어요^{하야}.

5.18 민주화 운동¹⁹⁸⁰은 박정희 대통령 타계 이후 전두환 중심의 신군부의 권력 장악에 저항한 민주화 운동이에요. 박정희 대통령의 죽음^{10.26 사태}으로 민주화를 기대했던 서울의 봄의 희망은 전두환을 중심으로 하는 신군부의 권력 장악^{12.12 사태}으로 무산되었고 민중들은 다시 일어났어요. 신군부는 1980년 5월 17일에 비상계엄을 확대했고 5월 18일 광주에 공수 부대를 동원해 광주 시민을 폭력으로 무차별 진압했어요. 하지만 민주화 정신은 살아남아 민주화 운동의 밑거름이 되었어요.

6월 민주 항쟁[1987]은 전두환 대통령에 맞서 대통령 직선제를 통한 민주적인 권력 이양을 실현한 민주화 운동이에요. 정권 이양을 약속한 전두환 대통령은 4·13 호헌조치를 통해 정권 이양의 논의를 중단시켰고 이에 맞서 6월에 다시 민중들이 일어났어요. 결국 6·29 민주화 선언을 통해 대통령 직선제로 개헌하게 돼요. 이로써 독재로부터 민주화라는 민중의 염원이 실현돼요.

북한 관련 TV 프로그램을 보면 주체사상 이라는 말이 많이 나오는데 도대체 주체 사상이 무엇인가요?

　　김일성이 1930년에 창시하였다고 주장하는 주체사상은 북한의 모든 정책과 활동의 기초가 되는 조선 노동당의 유일 지도 사상으로, 주체 확립이라는 정치적 목적으로부터 비롯되었어요. 즉, 김일성의 개인 숭배와 독제 체제, 그리고 김정일, 김정은으로 이어지는 3대 세습에 이용되고 있어요. 대외적으로는 주체 노선을 구축하고 대내적으로는 김일성 유일 체제 강화를 위한 통치 이념이에요.

평양에 있는 김일성 부자의 동상

Q.108 남북한은 통일을 위해 어떤 노력을 했나요?

　　김정은 정권이 들어서면서 북한과의 대화와 통일을 위한 모든 노력이 단절되었어요. 하지만 남북한은 통일을 위해 계속 노력해 왔어요.

　　우선 남북 적십자를 통한 회담, 교류 및 지원, 이산가족 상봉 등의 노력을 했어요.

　　국가적으로는 1970년대에 들어와 미국과 중국의 수교로 냉전 체제가 완화되고 평화 공존의 분위기가 조성되면서 남북 대화가 시작되었어요. 그 결실로 자주, 평화, 민족 대단결을 통일 3대 원칙으로 한 '7.4 남북 공동 성명'1972이 서울과 평양에서 동시에 발표되었지요. 이는 남북이 최초로 통일을 위한 합의를 끌어낸 것이에요. 이후 남북한이 유엔에 동시에 가입1991하였고, 이를 배경으로 상대방 체제 인정, 상호 불가침, 남북한 교류 및 협력 확

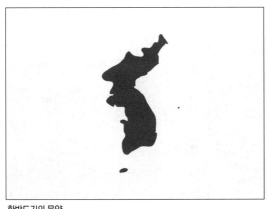

한반도기의 문양

대 등을 약속한 '남북 기본 합의서'가 채택되었어요. 하지만 북한의 핵 개발 문제¹⁹⁹³와 김일성의 사망¹⁹⁹⁴ 이후 중단되기도 했어요.

김대중 정부에 들어와서 햇볕 정책을 통해 북한에 대한 화해와 협력 정책으로 서로 간의 신뢰를 회복했어요. 그 결과, 2000년 6월 최초로 평양에서 남북 정상 회담이 열렸고 '6.15 남북 공동 선언'을 통해 통일 문제의 자주적 해결을 천명했어요. 이후 금강산 관광, 개성 공단 등 경제 협력 사업과 문화·예술 교류, 그리고 이산가족 상봉도 자주 이루어졌어요. 이러한 관계는 2007년 10월에 2차 남북 정상 회담^{노무현 정부}으로 이어졌어요.

Q.109 남한은 통일의 방법으로 연합제를, 북한은 연방제를 주장하는데 그 특징을 알려 주세요.

 남북한은 반드시 통일되어야 해요. 그러나 남북한은 통일 방법에 대한 의견 차이가 있어요. 남한은 연합제를, 북한은 연방제를 주장하고 있어요.

남한의 연합제는 하나의 민족, 하나의 국가를 원칙으로 자주·평화·민주를 원칙으로 자유민주주의 중심의 민족 공동체를 선설하는 것을 말해요.

북한은 연방제로 하나의 국가, 두 개의 체제로 국가는 하나로 하고 사상과 제도를 인정하고 각자의 법으로 운영하는 방식을 주장하고 있어요. 연방제가 어렵다고요? 미국의 경우를 보면 쉬워요. 주마다 법이 다르게 적용되는 것처럼 말이죠. 하지만 북한은 먼저 국가보안법을 폐지하고 주한 미군을 철수하라고 주장하고 있어요.

Q.110 대한민국은 일본의 식민 지배를 받아서 빠른 근대화를 이루었다는 주장이 있는데 어떻게 받아들여야 할지 알려 주세요.

 대한민국은 일제 강점기와 동족상잔의 비극인 6·25 전쟁을 겪었지만, 오늘날 고도의 성장과 발전을 통해 도움을 받는 나라에서 도움을 주는 나라로 변모했고, 국제 사회에 영향을 미치는 G20 국가가 되었어요.

이런 대한민국의 경제적·정치적 성장과 발전은 일제가 조선을 식민 지배했기 때문이라고 주장하는데, 이를 식민지 근대화론이라고 해요. 즉, 일본의 식민 지배가 한국의 산업화와 근대화에 이바지했다는 말이에요. 계급^{신분} 사회이고 왕이 다스리고 자급자족의 농경 사회였던 조선이 일제의 식민 지배를 통해 자본주의와 민주주의, 계급 타파를 통한 평등 사회가 이루어졌다고 주장해요. 그래서 경제적으로 일제 식민 지배를 통해 설치된 각종 도로, 철도, 항구, 공장, 산업 등을 사용하여 발전하였고, 근대적 소유 관계인 사유 재산의 확립, 공업화, 신분제 해체, 직업의 다양화, 보건, 교육, 농업 생산성, 인구 증가 총 국민 생산량 등이 일제의 식민 통치로 달성되었다고 주장해요. 정치적으로는 일제 식민 지배 시기 일본의 근대화된 교육을 받은 사람들에 의해 민주주의가 정착되었다고 주장하고 있어요.

이들의 주장에 대한 반박의 내용을 보면, 첫째, 조선 후기 근대 태동기의 모습에서 충분히 근대화의 힘을 가지고 있었는데, 일제에 의해 단절되었다는 점, 둘째, 일제의 철도 등 근대 시설은 우리의 근대화를 위해 건설한 것이 아니라 식민지 수탈을 위해 건설했다는 점, 셋째, 1930년대 이후 남면 북양 정책으로 북한 지역에 공장 시설을 설치해서 남한과는 무관하다는 점, 넷째, 6.25 전쟁을 통해 관련 시설들이 모두 파괴되었다는 점, 다섯째, 조선인을 관리로 등용했지만 모두 하급 관리였다는 점, 여섯째, 수적으로 증가했지만 질적으로는 증가하지 못했다는 점, 즉, 직업의 수가 다양해졌고 노동 인력이 증가했지만, 기술 전수자의 수가 아닌 단순 노동자가 늘었다는 점, 일곱째, 일제에 의한 근대 교육을 통해 민주주의가 정착되었다고 하지만 민족 지도자의 참여율이 낮고 독재로 인해 민주주의의 정신이 훼손되었다는 점 등을 제시하고 있어요.

과연 우리나라는 일제 식민 지배로 발전했을까요? 우리 민족의 저력을 너무 무시하고 있지 않은지를 물어보고 싶어요.

— **2교시** —

세계사

문명은 큰 강을 중심으로 나타나는데, 비옥한 평야와 풍부한 물을 바탕으로 농사짓기가 유리했기 때문이에요. 또한, 도시 국가를 형성하고 청동기를 사용하고 신분과 계급이 분화되었으며, 문자를 사용하고 종교가 발전하게 돼요.

WORLD HISTORY

Q.111 세계 여러 곳에서 등장한 문명의 특징과 공통점이 궁금해요.

기원전 3000년 전후 문명이 등장해요. 티그리스강-유프라테스강의 메소포타미아 문명, 나일강의 이집트 문명, 인더스강의 인도 문명, 황허 강의 황허 문명중국 문명이 있어요.

문명은 큰 강을 중심으로 나타나는데, 비옥한 평야와 풍부한 물을 바탕으로 농사짓기가 유리했기 때문이에요. 또한, 도시 국가를 형성하고 청동기를 사용하고 신분과 계급이 분화되었으며, 문자를 사용하고 종교가 발전하게 돼요.

메소포타미아 문명은 티그리스강-유프라테스강 사이 비옥한 초승달 지대에서 기원전 3500년경 수메르인에 의해 성립했어요. 쐐기 모양의 글자인 설형문자와 태음력, 그리고 60진법을 사용했어요. 도시 중심에 지구라트라는 신전이 있었고 내세보다는 현세를 중시하는 종교관을 지녔어요. 기원전 2350년경에 아카드인이 통일 왕국을 세웠고, 기원전 1800년경에 아모리인에 의해 바빌로니아 왕국이 세워졌어요. 전성기의 함무라비왕은 '눈에는 눈, 이에는 이보복주의'라고 불리는 함무라비 법전을 편찬했어요.

이집트 문명은 기원전 3000년경 나일강 주위로 형성되었는데, 나일강의 정기적인 범람으로 인해 생긴 비옥한 토지 덕분에 관개농업이 발달했어요. 나일강의 정기적인 범람을 예측하기 위한 천문학,

태양력, 측량술도 발달했어요. 기하학과 10진법을 사용했으며, 상형문자를 사용하여 파피루스에 기록했어요. 내세적 종교관을 가지고 있는데, 이집트 문명이 남긴 많은 유적과 유물인 피라미드, 미라, 스핑크스, 사자의 서 등이 이를 잘 보여 주고 있어요.

인도 문명은 기원전 2500년경에 인더스강 상류 펀자브 지방에서 시작돼요. 모헨조다로와 하라파 유적이 남아 있으며, 기원전 1500년경에 아리아인의 침략과 이동으로 인도 사회의 모습이 만들어지죠. 베다라는 경전과 브라만교를 섬기고 소를 숭배하며 신분 제도로는 카스트 제도가 있어요. 카스트 제도는 엄격한 신분 제도로, 1계층인 브라만성직자, 2계층인 크샤트리아귀족, 3계층인 바이샤평민, 4계층인 수드라노예로 이루어졌고, 현재는 신분 제도가 법적으로는 완전히 폐지되었지만 여전히 관습적인 차별이 존재해요.

황허 문명중국 문명은 기원전 2500년경 도시 국가인 중국 최초의 왕조인 하나라의 성립에서 비롯돼요. 기원전 16~11세기에는 상나라가 등장하는데, 제정일치 사회로 왕이 나라의 큰일이 있을 때 하늘에 제사를 지내고 거북의 껍질이나 소뼈에 기록하였어요. 그 글자를 갑골문자라고 해요.

그 밖에도 아메리카나 남아프리카에도 여러 문명이 있었어요.

4대 문명의 발생 과정

4대 문명이 발생한 지역은 대부분 기후가 따뜻하고, 수시로 범람하는 큰 강을 끼고 있어 토지가 비옥한 곳이었다. 이러한 곳에 사람들이 모이게 되자 큰 촌락이 형성되고 교통이 크게 발달하였다. 그 결과, 도시가 형성되고 문자가 발명

되는가 하면, 대규모 수리 사업이 필요하게 되어 이를 효과적으로 이끌 만한 강력한 권력을 가진 전제 군주가 출현하게 되었다. 전제 군주를 위시한 지배층들은 더 많은 노예와 경작지, 조세를 거둘 수 있는 백성을 확보하기 위하여 주변 지역을 정복해 더 넓은 영토를 확보하였다.

Q.112 아테네의 민주 정치와 오늘날 민주 정치는 어떤 점에서 다를까요?

아테네는 기원전 7세기에 해외 식민지 건설과 상공업이 발달하였어요. 이때 갑옷과 방패, 창 같은 무기로 무장한 중장 보병에 평민들이 참전하게 되면서 평민들의 정치적 참여 요구가 높아졌어요.

기원전 6세기에 솔론이 실시한, 재산의 정도에 따라 참정권을 차등하여 부여하는 금권정치는 반발을 낳았고 그 틈을 타 페이시스트라토스가 독재 권력을 행사하는 참주정을 실시했어요.

기원전 6세기 말 클레이스테네스는 500인 회의를 설치하고 도자기 파편에 독재의 우려가 있는 사람의 이름을 적어 추방하는 도편추방법을 실시함으로써 민주주의의 기틀을 마련했어요.

그리스의 직접 민주 정치는 페리클레스 때 전성기를 맞는데, 페르시아 전쟁의 산물이라고 할 수 있어요. 페르시아의 침략에 대비하기 위해 에게해 연안의 폴리스들은 델로스 동맹을 맺고, 델로스섬에 본부와 동맹의 기금을 모아두었어요. 이 막대한 자금을 관리한 아테네는 이 자금으로 민주주의를 실현하게 돼요.

그리스의 직접 민주주의는 시민이면 누구나 투표를 할 수 있었고 무산자에게도 참정권을 부여했으며 정치에 참여하면 수당도 지급했어요. 하지만 여성, 노예, 외국인에게는 참정권을 주지 않은 제한된 직접 민주 정치였어요.

　오늘날 민주주의는 다수결의 원칙을 기반으로 선거를 통해 의사를 결정해요. 보통 만 20세 이상 성인 남녀에게 투표권을 주고 있어요.

**왜 스파르타는 사람들을
강하게 길렀을까요?**

스파르타는 소수의 도리아인이 다수의 원주민을 정복하면서 성립된 폴리스예요. 정복민만 시민이 될 수 있었고, 소수의 정복민이 다수의 원주민을 지배하기 위해 강한 군사력이 필요했어요. 그래서 시민들을 엄격하게 교육했는데, 이를 스파르타 교육이라고 해요. 아이가 태어나면 군인이 되기 적합한지 심사를 했는데, 떨어지면 버림을 받고 심사에 통과한 아이는 부모의 품을 떠나 단체 훈련과 교육을 받았어요. 오늘날 우리의 눈으로 보면 이해가 가지 않지만, 교육 내용에 들키지 않고 물건 훔치기가 있었다고 해요. 군 복무 기간은 20살에서 60세까지이고 30살이 되면 결혼을 할 수 있는데 국가의 뜻에 따라 결혼을 했어요. 결혼 역시 강한 전사를 태어나게 하는 목적이었기 때문에 여자도 결혼을 위해 여러 훈련을 받았어요.

스파르타 군인을 묘사한 그림

Q.114 마라톤 경기가 왜 생겼을까요?

페르시아의 그리스 침공으로 폴리스는 위험에 빠졌어요. 아테네를 중심으로 한 델로스 동맹과 스파르타를 중심으로 한 펠로폰네소스 동맹을 맺고 페르시아와 전쟁을 해요. 페르시아는 세 번의 침략을 하는데, 마라톤 전투는 2차 페르시아 전쟁 때 있었어요. 2차 페르시아 전쟁은 폴리스의 결집을 보여 주지 못했어요. 아테네와 사이가 나빴던 폴리스들은 자신의 세력을 키우는 기회로 생각했어요. 이러한 안팎의 위기가 있었음에도 아테네는 중장보병의 밀집대형 전술로 마라톤 전투를 승리로 이끌어요.

그리스 마라톤 평원에 있는 아테네 병사들의 무덤

마라톤 전투의 승리를 알리기 위해 한 병사가 아테네까지 42.195km의 거리를 달려 '우리가 이겼다.'는 말을 남기고 죽었다고 해요. 그래서 이것이 마라톤 경기의 유래가 되었어요.

그런데 아테네 병사는 왜 먼 거리를 쉬지 않고 달렸을까요? 마라톤 전투에 패한 페르시아군은 배로 아테네를 공격하기로 했기 때문에 그 위험을 빨리 전해야 했어요. 결국 한 병사의 죽음으로 아테네는 방어 준비를 할 수 있었고 자칫 위험할 뻔했던 아테네를 위험에서 구해낸 거예요.

오늘날 마라톤 경기에 참여하지 않는 나라가 있는데, 바로 이란이에요. 이란은 페르시아의 후손이기 때문에 선조들의 패배를 기리는 마라톤 경기에 참여하지 않아요.

일반적으로 신이라고 하면 전지전능하고 절대적이라고 생각하잖아요. 그런데 그리스 신화를 보면 신이 인간과 똑같아요. 왜 그럴까요?

 그리스는 강력한 왕이 지배하지 않고 대체로 공동체 속에서 자유로운 생활을 했기 때문에 인간과 자연에 대해 합리적으로 생각할 수 있었어요. 또한, 폴리스들은 시민들이 모여 토론하며 의사를 결정했어요. 그러니까 자연스럽게 합리적인 판단을 했겠죠. 그래서 그리스의 문화는 인간 중심적이고 현실을 중시하고 합리적인 성격을 가지게 돼요. 이러한 그리스 문화는 그 신화 속에서도 마찬가지였어요. 최고의 신 제우스를 비롯한 12신들이 인간과 비슷하게 기쁨, 슬픔, 사랑, 질투 등의 감정을 느끼는 모습으로 그려져 있어요. 이러한 신들의 이야기는 문학과 미술의 중요한 소재로 쓰이며 그리스 문화에 큰 영향을 미쳐요.

Q.116 소피스트, 소크라테스, 플라톤, 아리스토텔레스에 대해 알고 싶어요.

페르시아 전쟁 이후 민주 정치가 발달하면서 사람들 앞에서 말하는 것이 중요하게 되었고 수사학과 웅변술을 가르치는 소피스트가 등장하게 돼요. 이들은 진리를 하나로 고정되지 않은 상대적인 것으로 보았어요.

소크라테스는 이런 소피스트를 비판하고 절대적인 진리를 강조하였어요. 그는 대화를 통해 스스로 깨우치는 산파술을 사용하였어요.

소크라테스의 사상을 이어받은 플라톤은 이데아라는 절대적이고 보편적인 존재를 바탕으로 한 이상국가론을 제시하였는데, 철인에 의해 국가가 운영되어야 하고 철인은 중용해야 한다고 주장했어요.

플라톤의 제자 아리스토텔레스는 그리스 철학뿐만 아니라 인문·

사회·자연 등 학문의 전 영역을 집대성하고 학문을 체계적으로 정립하였어요.

아테네 학당. 이탈리아의 화가 라파엘로가 그렸다.

Q.117 헬레니즘 문화는 어떻게 탄생하였고 그 특징은 어떤 것들이 있나요?

그리스를 정복한 마케도니아는 알렉산드로스의 동방 원정기원전 334을 통해 유럽·아시아·아프리카에 걸친 대제국을 건설했어요. 알렉산드로스 대왕은 동·서 융합 정책을 시행했는데, 그리스어를 공용어로 사용하고 정복지의 중요한 거점마다 알렉산드리아라는 도시를 건설하여 그리스인을 이주시키고 그리스인과 페르시아인의 결혼을 장려했어요.

이런 알렉산드로스의 동·서 융합 정책의 영향으로 마케도니아 분열 이후에도 문화 교류가 계속되면서 자연스럽게 헬레니즘 문화를 형성하게 돼요.

헬레니즘 문화는 그리스 문화에 오리엔트 문화가 결합해 개인주의적이면서도 세계 시민주의적인 성격을 추구해요. 철학으로는 개인의 행복에 관심을 가진 스토아학파와 에피쿠로스학파가 유행해요. 예술로는 그리스인들이 중요히 생각했던 조화와 균형, 현실적이고 관능적인 아름다움이 반영된 예술품들이 주를 이루어요.

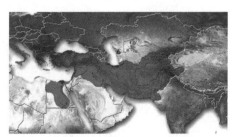

알렉산드로스 대왕이 개척한 마케도니아 제국의 영토.
이 범위가 곧 헬레니즘 세계로 통한다.

Q.118 로마는 처음부터 황제가 다스렸어요?

로마는 라틴족이 티베르 강가에 세운 작은 도시 국가에서 시작했어요. 기원전 6세기 이주민인 에트루리아 출신 왕을 귀족들이 몰아내고 공화정에 기초한 정치 체제를 세웠어요. 이후 상공업의 발달과 잦은 전쟁으로 평민권이 신장하였는데, 이들은 참정권을 요구하였고, 성산 사건을 계기로 호민관을 두고 평민회를 만들었어요. 이후 기원전 450년에는 로마 최초의 성문법인 12표법이 제정되어 평민의 권리가 보호되었으며, 기원전 367년에 리키니우스법을 통해 집정관 중 한 명을 평민 중에서 선출하게 되었어

옥타비아누스 아우구스투스 동상

요. 마침내 기원전 287년에 호르텐시우스법에 의해 평민회를 정식 의회로 인정하게 되었어요.

로마는 페니키아의 속주인 카르타고와 3차에 걸친 포에니 전쟁기원전 264~146을 하게 되는데, 승리를 통해 지중해 해상권을 장악해요. 포에니 전쟁으로 속주로부터 값싼 곡물이 들어오면서 자영농이 몰락하게 되었는데, 이 문제를 그라쿠스 형제가 개혁하려 했지만 실패로 돌아가요. 이후 군인 정치가의 2차에 걸친 삼두 정치 끝에 옥타비아누스가 승리함으로써 로마는 황제가 다스리게 되죠.

옥타비아누스는 자신을 프린캡스제1시민라 부르고 원로원에서 아우구스투스존엄한 자라는 칭호를 받게 돼요.

팍스 로마나Pax Romana, 27~180는 로마의 평화란 의미로, 아우구스투스 황제부터 5현제 시대까지의 로마의 전성기를 말해요. 정치적으로 안정되고 최대 영역을 확보하여 동서 교역을 통해 상업이 발달하였고 속주식민지의 많은 노예와 세금 덕분에 부유했어요. 하지만 전성기 이후 정복 전쟁의 감소는 노예와 세금의 감소로 이어지고 내부의 모순을 가져와요.

Q.119 게르만족의 이동이 중세의 출발이라고 하는데 그들은 무엇 때문에 이동했을까요? 그리고 프랑크 왕국만 살아남은 이유는 무엇일까요?

게르만족은 북부 유럽에 살았던 민족이에요. 그런데 4세기 후반 동방의 유목민인 훈족匈奴이 진출하면서 게르만족이 로마의 영토로 이동하게 돼요. 그 당시 로마군은 용병으로 구성되어 군사력이 약할 수밖에 없었어요. 로마 영토 안에 게르만족의 여러 국가가 건설되었고, 로마는 476년 게르만 용병 오도아케르에 의해 멸망하고 프랑크 왕국만 남게 돼요.

프랑크 왕국은 이동 거리가 짧아 게르만의 전통을 유지할 수 있었어요. 이단 종파인 아리우스파를 믿었던 프랑크 왕국은 정통 크리스트교인 아타나시우스파로 개종하여 로마인과의 화합이 가능했어요.

오도아케르에게 황제의 관을 넘기는 서로마 제국의 로물루스 아우구스투스

그리고 로마 문화의 중심지 중 하나인 갈리아 지방에 정착하면서 프랑크 왕국은 로마의 문화적 전통과 더불어 종교적 전통까지 이어받으면서 오래 지속될 수 있었어요.

Q.120 중세 시대를 봉건제라고 하는데 장원제, 농노제는 또 무엇인가요?

　　9세기 이후 노르만족, 이슬람 세력 등 이민족의 침입이 잦았고 이를 방어하기 위해 자연스럽게 봉건제가 등장해요. 중세 시대라고 하면 성, 탑, 기사, 농노 등이 생각날 거예요.

　　봉건제는 쌍무 계약적 주종 관계라고 해서 영주는 기사에게 봉토^{토지}를 주고 계약을 맺고, 기사는 충성, 군사적 책임을, 영주는 보호의 의무 등을 가져요. 이때 불입권이라고 해서 영주는 기사를 간섭하지 않았어요.

　　장원제는 봉건제의 경제적 기반으로 영주가 농노를 지배하는 자급자족 경제를 말해요. 장원에는 성, 교회가 있고 그 주변에 토지, 대장간, 방앗간 등이 있어요. 경작 방법으로는 거름을 주는 방법^{시비법}

중노동에 시달리는 농노의 모습을 그린 그림

이 발달하지 않아 춘경지·추경지·휴경지로 나누어 농사짓는 삼포제가 일반적이었어요.

장원에서 일하는 사람을 농노라고 하는데, 농민과 노예의 중간 형태로 약간의 재산을 소유할 수 있었어요. 하지만 영주에 속해 있고 자유롭게 이사할 수 없고 영주에게 부역^{노동}과 공납^{세금}을 바쳐야 했어요.

Q.121 중세 시대에 교황과 황제가 진짜 싸웠나요?

중세 시대는 프랑크 왕국 카롤루스 대제의 대관식 이후 2개의 권력인 교황교황권과 황제세속권가 독립적이면서 서로 영향력을 행사하는 모습을 보여요. 하지만 두 세력은 곧 충돌하게 되죠.

먼저, 성직자 임명권서임권을 가지고 교황 그레고리 7세와 신성로마 제국 황제 하인리히 4세가 충돌하게 돼요. 하인리히 4세는 교황이 가지고 있는 성직자 임명권을 자신이 가져오려 했어요. 장원마다 교회가 있으니 황제에게 중요할 수밖에 없었겠죠. 결국 하인리히 4세는 카노사 성에서 쉬고 있는 교황을 찾아가 용서를 빌어요카노사의 굴욕, 1077.

이 사건은 교황권이 황제권보다 우위에 있음을 증명했고, 13세기 교황 인노켄티우스 3세는 '교황은 태양, 황제는 달'이라고 했을 정도로 교황권이 얼마나 강한지 보여 줘요.

다음으로 아비

카노사의 굴욕을 표현한 그림

농 유수[1309~1377]가 있어요. 십자군 원정의 실패로 교황권이 약해지자 프랑스 왕 필리프 4세는 영국과의 전쟁으로 부족해진 재정을 채우기 위해 성직자 등에게 세금을 부과해요. 당연히 교황 보니파키우스 8세가 반대했겠죠. 필리프 4세는 교황을 납치하고 교황청을 프랑스 아비뇽으로 옮겨 70여 년간 프랑스 왕을 통제하는데, 이를 아비뇽 유수라고 해요. 1378년 교황청이 로마로 다시 옮겨 왔으나 아비뇽과 로마에 교황이 2명이 되는 분열을 겪게 되고 위클리프, 후스 등에 의해 교회 개혁 운동이 일어나게 돼요.

Q.122 비잔티움 제국이라고 해야 하나요? 동로마 제국이라고 해야 하나요?

로마 제국은 395년에 동·서로 분열되었어요. 이후 서로마 제국은 게르만족의 이동으로 멸망했지만 동로마 제국은 천 년 동안 그 명맥을 유지했고 비잔티움이라는 새 이름으로 불리게 돼요. 그러니까 엄밀히 따지면 같은 제국이에요.

비잔티움 제국은 황제가 정치와 종교의 수장인 황제 교황주의를 바탕으로 막강한 힘을 발휘했어요. 6세기에는 유스티니아누스 황제가 전성기를 누렸는데, 안으로는 《로마법》을 편찬하고, 밖으로는 옛 로마 제국의 영토를 회복했어요. 언어는 그리스어를 사용하고 대표적인 건축물인 성 소피아 성당은 동서양의 문화가 결합한 모습을 보여 주고 있어요.

비잔틴 문화는 동유럽에 전파되어 슬라브 문화권 형성에 영향을 주었으며 그리스 정교회가 세워져요.

● 콘스탄티노폴리스

476년 비잔티움 제국의 영토

Q.123 십자군 원정은 성공했나요? 실패했나요?

동방에는 이슬람 종교와 이슬람 제국들이 등장했어요. 11세기 셀주크튀르크의 팽창이 비잔틴 제국^{동로마 제국}을 위협했고 예루살렘 성지를 점령했어요. 이에 교황 우르반 2세는 십자군을 기획했고 클레르몽 종교회의¹⁰⁹⁵에서 십자군 원정을 결의했어요. 사실 성지와 크리스트교를 보호한다고는 했지만, 자신의 세력을 예루살렘이 있는 서아시아까지 확대할 좋은 기회였던 거죠.

십자군 원정^{1096~1270}은 7차에 걸쳐 진행되었어요. 1차에는 예루살렘을 탈환하고 예루살렘 왕국을 건설했어요. 하지만 종교적 목적보다는 제후·기사·상인의 이익 추구에 치중되었어요. 그래서 4차에는 성지였던 콘스탄티노플을 점령했고 심지어는 소년 십자군을 모집하여 노예로 팔아버리는 일까지 나타났어요.

십자군 원정은 종교적으로 교황권을 쇠퇴시켰고, 정치적으로 왕권 강화와 중앙 집권을 가속화했으며, 경제적으로 레반트^{동방}무역으로 도시와 상품 경제를 발달시켰어요.

십자군 원정을 선언하는 교황 우르반 2세

Q.124 근대 사회를 여는 사건들은 어떤 것들이 있나요?

근대 사회는 정치적으로 민주주의, 경제적으로 자본주의, 사회적으로 평등 사회, 사상적으로 과학, 자유, 이성, 논리의 시대라고 해요. 서양은 중세 사회에서 근대 사회로 넘어가는 과정에서 여러 사건이 일어나고 이 사건들을 계기로 근대 사회의 모습을 지니게 돼요.

첫째, 르네상스로 신 중심의 중세 기독교 문화를 탈피하고 인간 중심의 문화로 전환하게 해요.

르네상스는 '부활', '재생'이란 뜻으로, 고대 그리스·로마 문화가 부활했다는 의미를 지니고 있어요. 기본 정신은 휴머니즘[인문주의]으로, 자유로운 인간으로서 개인의 부활을 의미해요. 그리고 자연 속에서 신의 섭리를 찾는 것이 아니라 있는 그대로의 자연을 보고 즐기려는 태도로 자연과학이 발달하게 돼요.

둘째, 종교 개혁으로 교황권의 쇠퇴, 교회의 부패와 세속화, 성직자의 타락 등은 개혁을 요구했어요. 교황 레오 10세는 성 베드로 성당을 짓기 위해 면벌부를 판매해요. 면벌부는 인간이 죽어서 받을 벌을 면해 준다는 증서로, 마르틴 루터는 면벌부 판매가 잘못되었다고 생각했고 비텐베르크 성당 문 앞에 '95개 조 반박문'[1517]을 내걸었어요. 루터는 은총과 믿음으로 인간이 구원되고 성서에 입각한 신앙을 주장하였어요. 루터로부터 출발한 종교 개혁은 아우크스부르크 화의[1555]에서 루터파 교회를 인정하면서 신교를 인정하게 돼요. 이들을 항의하는 사람이란 의미의 '프로테스탄트'라고 불러요.

셋째, 증기기관과 공장으로 설명할 수 있는 산업 혁명이에요. 신대륙 발견을 통한 시장의 확대, 절대 군주들의 중상주의 정책은 상공업의 발달과 도시를 발달하게 했고 이를 토대로 자본이 축적되었어요. 이후 증기기관의 발명을 시작으로 공장이 설립되면서 기계를 이용하여 물건을 대량 생산하는 방식으로 바뀌게 돼요. 산업 혁명은

마르틴 루터의 95개 조 반박문

영국에서 시작되어 미국과 유럽, 그리고 일본으로 퍼져 가면서 자본주의로 급속히 나아가게 돼요.

넷째, 시민들의 정치적 권위를 찾기 위한 시민 혁명이에요. 시민 계급은 경제적으로 크게 성장했지만, 절대왕정 아래에서 그들의 정치적 지위는 여전히 낮았고 시민들은 저항을 통해 자신의 정치적 권위를 찾았어요. 영국의 청교도 혁명과 명예혁명, 프랑스의 프랑스혁명, 미국의 독립 혁명이 대표적이에요.

Q.125 서유럽의 르네상스와 알프스 이북의 르네상스는 어떤 차이가 있나요?

르네상스는 이탈리아에서 시작^{14~15세기}되는데, 지리적인 영향이 컸어요. 이탈리아는 고대 그리스-로마 문화의 옛 터전이기 때문이지요. 또한 지중해 무역으로 동서양의 문화 교류가 활발했고, 무역은 상공업의 발달을 가져와 도시와 시민 계급을 성장하게 하여 자유로운 사상을 가지게 했어요. 대표적인 예술가는 레오나르도 다빈치, 미켈란젤로 등이 있는데, 인간의 자연스러움과 아름다움을 그려냈어요.

16세기에 들어와 알프스 이북으로 르네상스의 중심지가 이동해요. 이 지역은 아직도 중세 시대의 모습을 가지고 있었어요. 그러다 보니 사회와 교회에 대한 비판의 특징을 보여 줘요. 많은 문학 작품은 현실 비판, 풍자를 담고 있어요. 교회와 성직자의 타락을 비판한 에라스뮈스의 《우신예찬》, 영국의 현실을 비판한 토머스 모어의 《유토피아》, 중세 기사를 풍자한 세르반테스의 《돈키호테》 등이 있어요.

르네상스 발상지인 이탈리아의 피렌체

Q.126 종교는 돈(자본)을 나쁜 것이라고 생각하지 않나요? 그런데 어떻게 칼뱅의 종교 개혁이 자본주의에 영향을 줄 수 있죠?

루터의 종교 개혁은 많은 종교 개혁으로 이어지는데 스위스에서는 칼뱅이 종교 개혁을 하죠. 칼뱅은 성서에 명시되지 않은 교리와 의식을 배격하는 성서 지상주의와 장로제를 도입하여 교회에 자치적 요소를 형성해요. 또한 인간의 구원은 신에 의해 미리 정해져 있다는 예정설과 직업은 신이 주신 신성한 것이니 검소한 생활과 함께 노력해야 한다는 직업 소명설을 주장했어요. 재산 축적을 긍정적으로 본 칼뱅의 주장은 시민 계급에 환영받았지요.

경제학자인 막스 베버는 《프로테스탄티즘 윤리와 자본주의 정신》에서 칼뱅의 예정설과 직업 소명설을 바탕으로 한 개인의 이윤 추구 인정은 자본주의 발전에 이바지했다고 주장해요.

칼뱅

Q.127 종교 개혁을 통해 영국 국교회가 수립되었는데 가톨릭(구교) 같은 느낌이 있어요. 왜 그럴까요?

영국의 종교 개혁은 종교적인 요인보다 정치적·경제적인 요인이 더 많아요. 영국의 왕 헨리 8세는 왕비와 이혼하고 싶었는데 교황이 허락하질 않았어요. 그래서 왕이 교회의 수장임을 선포해요^{수장령, 1534}. 이후 헨리 8세의 딸 엘리자베스 여왕은 통일령을 반포하여 가톨릭의 의식과 신교의 교리를 혼합한 영국 국교회를 완성해요.

우리는 영국 국교회를 성공회라고 하는데, 개신교임에도 불구하고 목회자를 신부라 부르고 수녀도 있으며 예식은 가톨릭과 같은 것을 볼 수 있어요.

헨리 8세

Q.128 절대왕정과 계몽주의, 그리고 자유주의에 관해 설명해 주세요.

16~18세기에 봉건 귀족에서 시민 계급으로 전환되는 과도기에 왕은 절대적인 권력을 가지게 되는데, 이를 절대왕정이라고 해요. 왕권은 신으로부터 부여받았다는 왕권신수설을 바탕으로 관료제와 상비군을 두었고 경제적으로는 상업을 가장 중요하게 여기는 중상주의를 채택했어요. 아이러니하게 중상주의는 시민 계급의 성장을 가져왔고 성장한 시민은 시민 혁명을 일으켜 절대주의^{절대왕정}를 무너뜨려요.

계몽주의는 18세기 프랑스에서 발전하였는데, 미신과 무지, 낡은 제도와 관습을 타파하고 개혁을 통해 인간의 이성과 인류 사회에 진보를 이룩해야 한다고 주장했어요. 이 사상은 프랑스 혁명과 몽테스키외의 삼권 분립, 루소의 사회계약설에 영향을 주었어요.

17~18세기 시민 혁명을 거치면서 정치적·경제적·종교적 자유를 주장하는 자유주의 이념이 탄생해요. 자유주의는 19세기에 더욱 발달하는데, 개인주의, 평등주의, 보편주의라는 가치를 추구했어요. 그래서 봉건제도와 억압, 속박에서 해방되어 자유를 얻자고 주장했어요. 이후 라틴아메리카와 그리스의 독립, 프랑스의 7월 혁명과 2월 혁명, 영국의 자유주의 운동에 영향을 미쳐요.

Q.129 프랑스 혁명이 너무 어려워요. 한눈에 볼 수 있도록 정리해 주세요.

프랑스 혁명의 원인은 15세기에 절대주의의 확립으로 만들어진 앙시앵 레짐^{구제도}의 모순 때문이에요. 제1신분^{성직자}, 제2신분^{귀족}은 모든 혜택과 권력을 독점했어요. 반면에 상인, 수공업자, 농민 등으로 이루어진 평민인 제3신분은 봉건적 의무와 세금 부담, 정치 참여권 박탈로 인한 불만이 컸어요. 상공업의 발달과 시민 계급의 성장은 정치적 요구를 가져왔고 계몽사상과 미국의 독립 혁명도 큰 자극을 주었어요.

미국 독립 전쟁에의 참여와 왕실의 사치는 국가의 재정을 파탄 직전으로 만들었어요. 이를 해결하기 위해 루이 16세는 삼부회를 소집

1789.5	삼부회 개최
1789.6	국민 의회 테니스코트의 서약
1789.7	바스티유 감옥 습격
1789.8	국민 의회 '인권 선언' 발표
1791.9.13	헌법 발표
1792	혁명 전쟁 시작
1793.1	루이 16세 처형
1793.3	국민 공회 혁명 재판소 설립
1793.6	국민 공회 로베스피에르의 공포 정치
1794.7	로베스피에르 처형
1795	총재 정부
1799	나폴레옹의 쿠데타

192

했고 제3신분의 대표들은 '테니스코트의 서약' 후 국민 의회를 결성해요. 국왕과 귀족은 국민 의회를 탄압했어요. 1789년 7월 14일 파리 민중이 바스티유 감옥을 습격하면서 혁명이 시작돼요.

곧이어 국민 의회는 혁명의 기본 이념을 천명하는 인권 선언문을 발표, 1791년에는 헌법을 반포하고 부르주아의 참정권을 확대하면서 입법 의회[1791. 10~1792. 9]는 부르주아를 대변하는 지롱드파가 주도권을 잡아요. 이는 혁명을 과격하게 만들었고 이를 잠재우기 위해 국민 공회를 소집해요.

국민 공회[1792. 9~1795. 9]는 루이 16세를 처형하고 공화정을 선언해요. 하지만 로베스피에르가 공포 정치를 감행하고 처형된 후 총재 정부[1795~1799]가 들어서지만, 나폴레옹의 쿠데타로 곧 무너지고 말아요.

프랑스 혁명을 그림으로 구현한 외젠 들라크루아의 〈민중을 이끄는 자유의 여신〉

Q. 130 고대 그리스의 민주 정치를 보면 여성, 외국인, 노예, 아이들은 선거에 제한을 두었다고 하는데, 그렇다면 여성은 언제부터 투표했나요?

여성의 정치 참여는 역사적으로 오래되지 않았어요. 고대 그리스의 직접 민주 정치에서도 여성은 투표할 수 없었고 그 이후로도 변함이 없었죠.

근대에 들어와서 여성은 남성과 동등한 정치적 권리를 얻기 위해 여성 참정권 운동을 전개했어요. 이 운동은 주로 영국과 미국에서 활발하게 전개되었는데, 시위, 단식 투쟁, 자유주의자나 사회주의자와의 연대 등 다양한 방법으로 전개되었어요.

뉴질랜드[1893], 오스트레일리아[1902], 핀란드[1906] 등에서 여성의 선거권을 인정하였고 제1차 세계 대전을 거치면서 소련[1917], 독일[1919], 미국[1920] 등 많은 나라가 여성의 선거권을 인정했으며, 제2차 세계 대전 이후에는 대부분의 나라가 여성의 선거권을 인정했어요.

우리나라의 경우 1948년 5.10 선거에 여자도 투표할 수 있었어요. 1945년 광복을 맞이하고 치르는 첫 선거에 여성이 투표했다는 것은 놀라운 일이라 할 수 있지요.

Q.131 동물(생명체)이 환경에 맞추어 진화한다는 찰스 다윈의 말처럼 사회도 진화하나요?

19세기 영국의 찰스 다윈은 《종의 기원》에서, 생물은 신에 의해 창조된 것이 아니라 하등생물에서 고등생물로 점차 진화되었다는 진화론을 발표했어요. 즉 생명체는 생존 경쟁과 적자생존에 따라 열등한 생명체는 도태되고 우등한 생명체는 진화한다는 내용이에요.

이후 다윈의 진화론을 인간 사회에 적용한 사회진화론이 나타났어요. 열등한 인종과 사회는 도태하고 우월한 인종과 사회가 번영을 이룬다는 내용으로, 더 나아가 우월한 사회나 국가가 열등한 사회나 국가를 지배하는 것이 당연하다는 주장이었지요. 이는 제국주의의 식민지 지배를 정당화하는 논리로 사용돼요.

찰스 다윈을 원숭이에 빗대어 풍자한 1871년 영국의 신문 만평

Q.132 왜 제국주의 국가들은 약소국을 식민지로 만들었나요?

산업 혁명은 기계를 통한 소품종 다생산의 생산 양식을 가져왔고 이는 자본주의로 발전했어요. 자유경쟁의 근대 자본주의는 더 값싼 물건을 생산하고 그 물건을 판매할 시장을 필요로 했어요. 시장의 경쟁은 거대 기업만 살아남게 되어 독점자본주의를 형성하게 되었고 원활한 판매를 위해 원료 공급시와 상품 소비지가 필요해서 식민지를 경쟁적으로 개척했어요. 초기에 영국, 네덜란드, 포르투갈이 식민지 개척을 했는데, 19세기에 들어와 독일, 이탈리아, 미국, 러시아, 일본까지 식민지 개척에 합세했어요.

식민지 지배는 사회진화론과 민족주의를 사상적 기반으로 군대와 총독을 파견하여 직접 식민지를 지배하는 형태로 운영됐어요.

제국주의 국가들의 경쟁적인 식민지 개척은 결국 충돌하게 되는데, 아프리카에서 영국과 프랑스가 충돌한 파쇼다 사건이 일어나요. 영국은 북쪽의 이집트에서 남쪽 케이프타운을 연결하는 종단정책을, 프랑스는 북서쪽의 알제리에서 남동쪽의 마다가스카르섬을 연결하는 횡단정책을 추진했는데, 중부 수단의 파쇼다에서 충돌했어요. 이 사건은 프랑스가 물러나면서 전쟁으로 확대되지 않았지만 이후 식민지 쟁탈의 문제는 세계 대전을 일으키는 원인이 돼요.

아시아의 경우 중국은 서구 열강들의 간섭으로 과일을 자르듯이 나뉘고, 인도는 영국이, 인도차이나 반도는 프랑스가, 인도네시아는 네덜란드가, 필리핀과 괌, 그리고 하와이는 미국이, 마셜 제도와 캐롤라인 제도는 독일이 차지하고, 한반도는 일본의 식민지가 돼요.

Q.133 제1차 세계 대전이 끝나고 윌슨의 민족 자결주의가 주창되는데 제1차 세계 대전과 전후 처리는 어떻게 되었나요?

1871년 철혈정책으로 유명한 비스마르크에 의해 통일한 독일은 세력을 키우며 식민지 쟁탈전에 뛰어들게 되고 영국, 프랑스와 대립하게 돼요. 독일은 프랑스를 고립시키기 위해 오스트리아 - 헝가리와 이탈리아를 끌어들여 3국 동맹을 맺어요. 이에 내응하기 위해 영국, 프랑스, 러시아는 3국 협상을 맺게 되고요. 이 두 세력은 발칸반도에서 격화되는데, 이 지역은 민족, 종교가 얽혀 있어 갈등이 심했고, 범슬라브주의를 내세운 러시아와 범게르만주의를 내세운 오스트리아와 독일이 대립했어요.

1914년 6월 사라예보에서 오스트리아 - 헝가리 황태자 부부를 세르

참호에서 기관총을 쏘고 있는 독일군

비아 청년이 암살하면서 제1차 세계 대전^{1914~1918}이 시작돼요.

제1차 세계 대전은 신무기와 화학무기^{독가스}의 경연장이 되었고, 참호전으로 전쟁이 장기화하였어요. 영국은 우세한 해군을 바탕으로 독일을 해상 봉쇄했고 독일은 무제한 잠수함 작전으로 맞섰어요. 이 작전으로 미국의 민간 선박이 피해를 보자 미국이 참전¹⁹¹⁷하였고 전세는 역전되어 1918년 4년여의 전쟁은 끝이 났어요.

제1차 세계 대전이 끝나자 전후 처리를 위해 파리강화회의가 열렸고 미국 대통령 윌슨의 14개 조 평화안을 채택하고 베르사유 조약을 맺어요.

베르사유 체제는 패전국 독일에 과도한 부담을 주었고, 민족 자결주의는 패전국 식민지에만 적용되었으며 미국의 국제적 위상이 높아졌어요. 또한 세계 평화를 위해 국제 연맹이 창설되었어요.

베르사유 조약의 주요 내용

제119조 독일은 해외 식민지에 관한 모든 권리와 요구를 동맹국과 연합국의 주요 국가에 넘긴다.

제156조 독일은 중국과 체결한 조약 및 산둥성에 관한 다른 모든 협정에 의해 얻은 권리, 요구 및 특권을 모두 일본에 넘긴다.

제173조 독일에서 일반 의무병제는 폐지된다. 독일 육군은 지원병제로만 조직하고, 또 보충할 수 있다.

제191조 독일은 어떤 잠수함도 만들거나 가져서는 안 된다.

제235조 독일은 동맹국과 연합국의 청구액이 확정되기 전에 우선 배상 위원회가 정하는 지불 방법에 따라 1919년과 1920년 중에, 그리고 1921년 4월까지 200억 마르크 금화에 해당하는 액수를 지불하여야 한다.

Q.134 히틀러는 왜 제2차 세계 대전을 일으켰나요?

1929년 경제 대공황이 전 세계를 휩쓸었고 독일, 이탈리아, 일본은 국가를 위해 개인의 희생을 강요하는 전체주의로 나아갔어요. 독일은 히틀러의 나치즘, 이탈리아는 무솔리니의 파시즘, 일본은 군국주의로 나아갔고 이들은 추축국을 형성했어요. 또한 독일의 히틀러는 베르사유 조약을 거부하고 라인란트를 침공했고 이탈리아는 에티오피아를, 일본은 중일 전쟁을 통해 중국을 침략했어요.

1939년 독일이 소련과 불가침 조약을 맺고 폴란드를 침공하면서 제2차 세계 대전이 시작되었어요. 전쟁의 장기화로 독일은 불가침 조약을 깨고 소련을 공격했어요. 일본은 1941년에 진주만 공격을 시작으로 태평양 전쟁을 일으켰어요.

무솔리니와 히틀러

소련의 참전으로 독일은 1945년 5월에 항복하고 끝까지 전쟁을 포기하지 않은 일본에 소련이 선전 포고하고 미국은 히로시마와 나가사키에 원자폭탄을 투하하고 일본이 항복하면서 제2차 세계 대전이 끝났어요.[1945. 8. 15.]

Q.135 국제 사회에서 국제 연합(UN)이 하는 역할은 어떤 것들이 있나요?

두 차례의 세계 대전은 국제 사회의 평화를 유지하기 위한 국제기구의 창설을 끌어냈어요. 제1차 세계 대전 이후 국제 연맹이, 제2차 세계 대전 이후에 국제 연합UN이 창설돼요.

군사적 제재가 없었던 국제 연맹은 제2차 세계 대전의 발발로 한계를 드러냈는데, 창설을 제안한 미국은 의회의 반대로 불참했고, 회원국의 임의 탈퇴가 가능했으며 침략 행위에 대한 경제적 제재만 가능했어요.

제2차 세계 대전 이후 국제 연맹의 한계를 경험한 국제 사회는 국제 연합UN을 창설했어요. 국제 연합은 안전 보장 이사회를 두어 한 나라라도 반대하면 결의안을 통과시킬 수 없어요. 또한, 위험 지역에 UN군을 파병하여 군사적으로 제재를 가할 수 있어요. UN군은 한국전에 처음 파병되었고 현재 많은 위험 지역에 평화유지군을 파견하여 국제 평화에 노력하고 있으며, 현재 우리나라도 위험 지역에 군대를 파병하고 있어요.

Q.136 전쟁이 차가울 수 있나요?

제2차 세계 대전 이후 미국과 소련의 영향력이 커졌는데, 이 두 나라는 자본주의와 사회주의의 대표 국가로 대립하게 돼요.

소련은 사회주의의 확산을 위해 동유럽 공산 정권 수립을 적극적으로 후원했어요. 미국은 사회주의의 확산을 막고 유럽의 자유를 지키겠다고 선언(트루먼 독트린)하면서 유럽의 경제를 부흥시키기 위한 원조 정책을 발표(마셜 계획)했어요. 또 북대서양 조약 기구(NATO)를 만들어 상호 군사 원조와 집단 방위 체제를 구축했어요. 이에 소련은 코민포름(국제 공산당 정보국)을 조직하고, 동유럽 사회주의 국가 간 경제 원조를 위한 코메콘을 만들었어요. 또한 군사 기구로 바르샤바 조약 기구(WTO)를 창설했어요.

이처럼 미국을 중심으로 한 자본주의 진영과 소련을 중심으로 한 사회주의 진영의 긴장과 대립을 냉전이라고 하는데, 냉전은 무기를 사용하지 않는 전쟁을 말해요. 냉전은 독일의 분단, 6.25 전쟁, 쿠바사태, 베트남전 등으로 나타났고 소련의 붕괴로 냉전 체제는 막을 내려요.

Q.137 약소국들과 유럽은 국제 사회에서 힘을 발휘할 수 없나요?

인도와 중국 등 아시아·아프리카 여러 나라는 냉전 체제에 가담하지 않고 독자 노선을 걸어요. 1955년 아시아·아프리카의 29개국이 모여 반둥 회의를 개최하는데, 이들을 제3세계라고 해요. 이들은 국제 연합 총회에서 투표권을 무기로 영향력을 행사했어요.

유럽의 경우 두 차례의 세계 대전을 겪으면서 경제적으로 어려움을 겪게 되는데, 유럽 각국은 연합하여 어려움을 극복하려 했어요. 1958년 유럽 경제 공동체^{EEC}를 설립하였고 이후 유럽 공동체^{EC}로 통합되었고 현재는 유럽연합^{EU}으로 발전되었어요. 유럽연합은 단일 통화인 유로화를 발행하여 경제적 통합을 추구하는 것과 동시에 외교·안보 등 정치적 통합에 노력하고 있어요.

Q.138 산업 혁명 이후 자본주의의 발달로 시장 경제 체제가 형성되는데 시장에 대한 흐름이나 생각들을 설명해 주세요.

산업 혁명은 자본주의를 탄생하게 했어요. 근대 자본주의는 국가가 개입을 반대하는 '자유 방임주의'를 바탕으로 발전했어요. 영국의 애덤 스미스는 《국부론》에서 개인의 이기심은 '보이지 않는 손'에 의해 자연스럽게 사회 전체의 이익으로 환원되므로 국가가 개인의 경제 활동과 이익 추구에 간섭할 필요가 없다고 주장해요. 이 사상은 유럽 자본주의를 더욱 발전하게 했어요.

하지만 자본주의 발달로 인한 문제점도 나타나게 되었어요. 빈부의 격차, 노동력 착취, 도시 문제, 환경 문제 등이 나타났고, 그 대안으로 사회주의가 등장했어요. 오언은 뉴 하모니라는 작업 공동체를 만들어 노동자들이 협동하여 일하고 나누는 이상 사회를 꿈꾸었어요. 반면 마르크스는 《공산당 선언》과 《자본론》을 통해 인간의 역사를 계급 투쟁의 역사로 보고 노동자 계급의 혁명으로 공산 사회가 도래할 것을 주장했어요. 사회주의 경제 체제는 기본적으로 국가의 계획하에 경제가 운영되고 공동 분배를 원칙으로 하고 있어요.

보이지 않는 손으로 대변되는 자본주의는 결국 1929년 경제 대공황을 겪게 되는데, 그 여파는 세계로 퍼져나갔지요. 과도한 투자는 제품의 재고를 만들었고 이로 인해 실업자가 발생했어요. 실업자는 결국 소비를 위축시켰고 경제는 마비되었죠.

경제 대공황을 극복하기 위해 미국의 루스벨트 대통령은 뉴딜 정책을 추진하면서 테네시 댐 건설, 공공 부조, 사회 보장 제도 도입 등 국가가 적극적으로 개입하는 수정 자본주의로 전환해요.

영국과 프랑스는 본국과 식민지를 하나의 경제 블록으로 묶어 본국의 상품을 식민지에 팔고 외국 상품에는 높은 관세를 매겨 자국의 경제를 보호하는 배타적 경제 블록을 형성했어요. 반면 식민지가 부족한 독일, 이탈리아, 일본은 민족이나 국가의 이익을 위해 개인의 희생을 강요하는 전체주의로 나아갔어요. 이를 통해 군수 산업을 키우고 식민지 쟁탈을 위한 침략 전쟁을 했고 이로 인해 제2차 세계 대전이 발발하게 돼요.

경제 대공황을 겪으면서 자본주의를 바탕으로 국가가 개입하는 수정 자본주의로 전환하게 했어요. 하지만 현대에 들어와 또다시 금융의 위기를 가져왔고 신자유주의가 등장해요. 신자유주의는 궁극적으로 관세를 철폐하여 시장이 자유로운 경쟁과 경제 활동을 하는 것으로, 흔히 자유 무역 협정FTA이라고 해요.

Q.139 주나라의 봉건제와 서양 중세 봉건제를 한눈에 보고 싶어요.

주나라는 기원전 1100년경부터 기원전 770년까지 중국을 다스린 왕조로, 넓은 토지를 지배하기 위해 봉건제를 시행했어요. 주의 봉건제는 수도 부근만 왕이 직접 다스리고 나머지 지역은 왕족이나 공신을 제후로 삼아 나누어 다스리게 했어요. 혈연적 종법 제도라고 해서 왕과 제후는 대부분 혈연관계로 이루어졌고 친족 간 서열을 따르는 질서^{종법}에 따라 운영했어요.

서양 중세의 봉건제는 영주가 저마다 기사에게 토지^{봉토}를 주고 계약을 통해 의무를 다하는 쌍무 계약적 관계로 이루어졌어요. 영주는 기사에게 보호와 봉토의 의무를 지니고, 기사는 영주에게 충성과 군역의 의무를 다해요. 이 둘의 관계는 의무를 다하지 않으면 계약이 깨져요.

Q.140 왜 춘추 전국 시대라고 부르죠?

춘추 전국 시대는 주나라가 호경에서 낙읍으로 옮긴 기원전 770년부터 진나라가 전국을 통일한 기원전 221년까지의 시기로, 동주 시대라고도 해요. 이 시기는 주나라 왕실의 세력이 약해지면서 중국 대륙은 100개가 넘는 나라로 나뉘어 경쟁했는데, 이를 통일한 사람이 바로 진시황이에요.

춘추 시대는 기원전 770년부터 403년으로, 공자가 쓴 역사서 《춘추》의 이름을 땄으며, 기원전 403년에서 221년은 유향이 쓴 《전국책》에서 유래해요.

춘추 시대와 전국 시대는 국가 간 대응 방식이 달랐어요. 춘추 시대는 춘추 5패제·진·초·오·월를 중심으로 주의 정통성 아래 내부의 결속력을 다지는 시기로 존왕양이를 바탕으로 강대국에 약소국은 조공을 통해 국가를 유지하였고 회맹을 통해 국가 간 질서를 유지했어요. 전국 시대는 전국 7웅위·제·진·한·조·연·초을 중심으로 '국가를 없애고 현으로 다스린다.'라는 멸국치현의 모습으로 중국이 통일을 위해 각축전을 벌였고, 마침내 진시황에 의해 중국이 통일돼요.

Q.141 제자백가 사상이 나타난 이유가 있나요?

춘추 전국 시대는 정치적으로는 혼란기였지만 사회, 경제적으로는 비약적으로 발전해요. 사± 계급이 성장하고 소를 이용하여 농사를 짓는 우경과 철제 농기구를 사용하여 농업 생산력이 증대되었어요. 이를 통해 상업이 발달하여 화폐를 사용하게 되었어요.

사상적으로는 여러 국가가 살아남기 위해 부국강병을 추진하였는데, 능력을 중시하여 인재를 등용하였어요. 이런 분위기는 제자백가를 등장하게 했어요.

유가는 인간 존중을 바탕으로 인위적인 질서를 강조했어요. 유가 사상의 시조인 공자는 인仁과 예禮를 중심으로 한 도덕 정치덕치주의를 주장했어요. 이러한 유가 사상은 맹자와 순자에 의해 계승되었는데, 맹자는 성선설과 인仁·의義를 강조하였고, 순자는

공자

노자

성악설과 예와 교육을 강조하였으며 법가 사상에 영향을 주었어요.

도가는 노자와 장자의 사상으로, 인위적인 도덕이나 제도를 부정하고 소국과민^{작은 국가}을 추구하며 전제 군주제를 비판했어요. 도가 사상을 한마디로 한다면 '무위자연'이라고 하는데, 인위적인 것을 배척하고 자연 그대로의 모습을 추구해요. 후에 도가 사상은 중국의 자연관, 예술, 종교^{도교}에 영향을 끼쳐요.

묵가는 차별 없는 인류애^{겸애}를 강조하고 노동을 중시하여 사치와 낭비를 비판했어요.

그 밖에도 병법과 전술을 중요시한 병가, 음양오행설의 오행가, 논리학을 강조한 명가, 합종연횡의 외교를 강조한 종횡가, 쾌락을 강조한 양가 등이 있어요.

달에서도 보인다는 만리장성을 왜 쌓았을까요?

만리장성은 전국 시대 조, 연, 진 세 나라가 쌓은 장성을 진시황이 연결하면서 건설하게 되었고 명·청 시대까지 보수와 확장을 계속했어요. 초기에는 흙으로 벽을 쌓았는데 현재 우리가 보는 돌과 벽돌로 쌓은 만리장성은 후대에 만들어진 것이에요.

만리장성은 북방 민족을 방어하기 위한 목적으로 건설되었는데, 진·한 시대에는 흉노를, 명 시대에는 몽골의 침입을 막기 위해 건설했어요.

실제로 만리장성은 중화사상華夷觀을 담고 있어요. 중국은 자신을 세상의 중심中華이라고 하며 주변의 민족과 국가를 야만오랑캐이라 생각했어요. 즉, 중화와 야만의 경계가 바로 만리장성인 거죠.

우리 민족을 동이족이라고 했는데 중국의 동쪽에 있는 오랑캐라는 의미에요. 중국은 중화사상을 바탕으로 동서남북 위치에 따라 동이, 서융, 남만, 북적이라고 불렀어요.

Q.143 진시황은 왜 잔인하게 분서갱유를 했나요?

진시황은 기마 전법과 철제 무기를 사용하고 법가 사상가인 상앙의 부국강병책을 통해 전국 시대의 혼란을 수습하고 중국을 최초로 통일해요.

각 지방에 군현이라는 행정 구역^{군현제}을 두어 직접 통치하여 강력한 중앙 집권 체제를 확립했어요. 화폐와 문자를 통일하고 수레와 도로를 정비했으며 흉노를 방어하기 위해 만리장성을 쌓았어요.

또한 법가 관련 서적과 실용서적을 제외한 책들을 불태우고 유생들을 굴에 생매장하는 분서갱유를 단행해요. 이 사건은 사상을 통제하려는 목적도 있지만 수많은 사상을 법가 사상으로 통일하고 체계화하기 위한 목적을 지니기도 해요.

진시황의 무덤을 둘러싼 병마용갱

Q.144 고려가 서양에 알려지면서 '코리아'라고 불리게 되었다는데 중국이 '차이나'로 불리게 된 계기는 무엇인가요?

    '코리아'라는 말은 고려 시대 우리나라를 드나들던 상인들에 의해 서양에 알려진 고려의 영어식 표기예요. 그렇다면 중국이 '차이나'라고 불리게 된 것은 최초의 통일 국가 진秦을 가리키는 '지나支那'를 영어식으로 표기한 것이에요. 유럽에서는 중국을 세레스, 케세이, 키탄 등으로도 불렀다고 해요.

Q.145 한 무제와 흉노족은 관계가 깊다는데 어떤 사건들이 있나요?

진의 멸망 후 분열된 중국은 초의 항우와 겨룬 한의 유 방이 승리하며 재통일해요. 초의 항우와 한의 유방의 싸 움은 오늘날 장기가 됐어요.

이후 한 무제는 유교를 국교화하고 수도 인근은 군현제로, 지방을 봉건제로 다스리는 통치방식인 군국제를 군현제로 바꾸면서 중앙 집권 체제를 확립했어요. 대외적으로 흉노를 토벌하고 베트남의 북 부와 고조선에도 진출했어요.

사실 만리장성이 흉노를 방어하기 위해 건설되었다는 것을 보면 흉노는 무서움 그 자체였을 거예요. 한 무제는 그 두려운 북방 민족

장건을 중앙아시아로 파견하는 한 무제

인 흉노를 몰아내고 토벌을 단행해요. 또한 대월지와 동맹을 통해 흉노를 토벌하기 위해 장건을 파견하는데, 성공하지는 못했어요. 하지만 장건이 이동한 길이 바로 비단길이라고 불리는 동서 교통로가 돼요.

또한, 흉노 정벌을 위해 파견한 이릉 장군이 흉노의 포로가 되었고 이를 변호하던 사마천은 궁형^{거세형}을 받게 되죠. 이후 사마천은 집필에 열중했고 그 결과 《사기》라는 중국 최고의 역사책이 만들어지게 돼요.

Q.146 유비, 관우, 장비가 나오는 삼국지의 배경이 되는 시대는 언제일까요?

한 무제 이후 환관과 외척의 힘이 강해졌고 외척인 왕망이 신나라를 세웠고 다시 광무제에 의해 후한이 세워졌어요. 이 후한도 황건적의 난에 의해 멸망[220]해요.

후한의 멸망으로 위·촉·오 삼국 시대가 오죠. 바로 이 시기가 유비, 관우, 장비, 조조 등이 싸우는 《삼국지》의 배경이 돼요. 위는 조조, 촉은 유비, 오는 손권으로 세 나라는 격돌했어요.

이후 중국은 진에 의해 잠시 통일되었지만, 북방 민족의 침입으로 화북 지방에는 여러 나라가 서로 싸우는 5호 16국 시대가 펼쳐져요. 한편 진은 강남으로 피신해 동진을 세웠어요.

5호 16국은 선비·흉노·저·갈·강 등 다섯 북방 민족[5호]들이 화북 지방에 세운 16개의 나라를 말해요.

《삼국지연의》의 세 주인공인 유비, 관우, 장비

도교 사상을 청담 사상이라고 하는데 왜 그럴까요?

삼국 시대와 위·진 시대로 이어지는 이때는 정치적으로 혼란했고 부정부패가 만연했어요. 당시 위나라의 공신인 사마 씨가 국정을 장악하고 전횡을 일삼자 정치에 등을 돌리고 노장사상에 심취한 지식인들이 많았어요. 이 중 유명한 7인을 죽림칠현이라고 하는데, 이들은 대나무 숲으로 들어가 은둔 생활을 했어요. 시를 짓고, 거문고를 뜯으며 술을 마시며 도가 사상에 심취하여 혼란한 세상에서 벗어나 자유와 해방을 노래하는 청담을 펼쳤어요. 청담이란 세상의 명예와 이익을 떠나 맑고 깨끗한 이야기를 한다는 의미로, 그들은 청담의 사상과 행동으로 세상에 소극적으로 저항했어요.

그래서 도교 사상을 청담 사상이라고 하고 청담 사상하면 죽림칠현을 이야기하게 돼요.

Q.148 위·진 남북조 시대를 통일한 수나라는 고구려 때문에 멸망하나요?

수나라는 약 350년간 분열된 중국을 재통일해요[589]. 하지만 무리한 대토목 공사와 대외 원정 때문에 30년 만에 멸망하게 되죠. 수는 화북과 강남을 연결하는 대운하를 건설하고 연이은 고구려 원정의 실패로 국력이 약해져 멸망해요. 을지문덕의 '여수장우중문시'와 살수대첩이 바로 고구려와의 전쟁에 관한 이야기예요.

**동아시아 국가들의
보편적인 특징이 있나요?**

당의 문화는 개방적이고 국제적인 성격을 지녀 주변국과의 교류를 통해 자연스럽게 전파되어 동아시아 문화권을 형성하게 되지요. 한자, 유교, 대승불교, 율령 체제 등이 공통적인 문화 요소로 자리 잡게 돼요.

그 밖에도 중앙 통치 제도인 3성 6부 제도와 수도를 바둑판 모양으로 건설하고 중앙에 주작대로를 설치하는 것도 당의 영향이에요. 하지만 각 나라는 여건에 맞게 적용했어요.

Q.150 송은 문치주의를 표방했는데 그럼 국방에 문제가 생기지 않나요?

당 말기 이민족의 침입을 막기 위해 국경 지대에 군단 사령관인 절도사를 파견했고 이들은 막강한 권력을 가지게 되었어요. 당의 멸망으로 각지의 절도사들은 나라를 세웠고 이 시기를 5대 10국이라 불러요.

후주의 절도사인 조광윤은 송을 건국하고 중국을 재통일했어요. 조광윤은 절도사의 권한을 약화하고 문관을 우대하는 문치주의를 펼쳤어요. 문치주의의 핵심은 과거제를 통한 인재 등용으로, 그 결과 사대부가 성장하게 되었지만 국방력이 약화될 수밖에 없었어요. 많은 세폐를 북방 민족에게 주는 것으로 대외 관계를 유지했지만, 재정은 고갈될 수밖에 없었고 왕안석이 이 문제를 개혁하려 했지만

실패하면서 송은 급속히 쇠락의 길을 걷게 돼요. 이후 금의 침입으로 남쪽으로 내려가 남송 시대를 열게 돼요.

이때 관념적인 성리학이 등장해요. 성리학은 우주의 이치와 원리, 인간의 심성을 연구하고 대의명분을 중시하는 학문으로 대외 관계의 약점을 정신적으로 극복하려는 경향이 있었어요.

송 태조 조광윤

Q.151 중국에서 한족이 아닌 다른 민족이 세운 국가들은 어떤 정책을 폈을까요?

 우리가 중국 왕조라고 하면 일반적으로 한漢족이 세운 국가를 말하고 있어요. 하지만 실제로 북방 민족이 세운 왕조들도 있어요. 한의 멸망 후 5호 16국과 송 대 이후 건국된 요·금·원·청이 있지요. 이들은 중국 문화에 동화되거나 자신의 문화를 지키는 정책을 사용했어요.

우선 위·진 남북조 시대의 북위는 선비족이 세운 나라인데, 5세기 말 효문제는 한화정책동화정책을 단행했어요. 선비족의 언어와 풍습을 금지하고 중국 문화를 장려하였고 선비족과 한족의 결혼을 장려했어요.

반면에 하나의 민족이 다른 민족의 일부 또는 전부를 정복한 후에도 스스로 고유한 문화를 유지하고 보존하는 왕조를 정복 왕조라고 하는데, 요거란·금여진·원몽골·청만주족이 있어요. 이들은 이원적 지배 체제와 고유의 문자와 문화를 유지하여 한漢화하는 것을 막았어요.

요는 한족은 남면 관제, 거란족은 북면 관제, 금은 한족은 군현제, 여진족은 맹안 모극제로 통치했고, 원은 몽골인 제일주의를 내세워 한족을 차별하고 색목인을 우대하는 정책을 사용했으며, 청은 변발과 호복을 강요했어요.

Q.152 옛날에도 동양과 서양을 연결해 주는 길이 있었나요?

초원길은 역사상 가장 먼저 이용했던 길로, 중국의 만리장성으로부터 몽골 고원을 거쳐 남러시아까지의 초원 지대를 통과하는 길이에요. 이 길은 오래전부터 유목 기마 민족들의 이동로로 활용되었는데, 스키타이인은 이 길을 따라서 기마술과 청동기를 아시아에 전달했고, 흉노족은 이 길을 통해 이동하여 게르만족을 이동하게 하여 서양의 중세 시대를 열게 했어요. 또한 바투의 몽골군이 유럽 원정에 사용한 길이기도 해요.

사막길은 초원길 남쪽에 있는데, 둔황에서 파미르 고원을 지나 중앙아시아의 오아시스 도시를 연결한 길이에요. 이 길은 중국의 비단이 서역으로 전해져서 비단길실크로드이라고도 해요. 또한 로마의 유리 제조 기술, 인도의 불교와 간다라 양식이 중국에 전래되고 중국의 제지술이 서양에 전파된 길이기도 하지요.

바닷길은 남중국에서 동남아시아와 말라카 해협을 거쳐 인도양과 페르시아만까지의 해상 교역로로, 항해술이 발달하면서 이용한 길이에요. 이 길은 불교, 힌두교, 이슬람교의 전파 통로였고, 이슬람 상인들의 무역로로 활용되었으며 명대에는 정화의 원정로로 이용한 길이에요. 또한 이 길을 통해 화약, 나침반, 활판 인쇄술이 서양에 전래되어 중세 시대의 몰락과 근대 시대를 여는 중요한 역할을 해요.

Q.153 정화의 대원정과 제국주의 국가들의 식민지 건설의 차이점이 있나요?

명의 3대 황제인 영락제는 수도를 베이징으로 옮기고 적극적인 정복 활동을 벌였는데, 그 하나로 정화에게 대규모 해외 원정[1405~1433]을 하게 했어요. 정화의 함대는 강남의 쑤저우에서 출발하여 인도, 동남아시아를 지나 아라비아반도와 아프리카 동부 해안까지 진출했어요. 그 결과 명은 30여 개국으로부터 조공을 받게 되었고, 동남아시아에 화교가 진출하게 되었어요. 정화의 원정은 조공과 책봉 체계를 형성하여 이민족의 위협에 대처하기 위한 목적으로 서양 제국주의 국가들이 취한 침략과 수탈, 그리고 지배를 위한 식민지 건설과는 다른 모습이었어요. 만약에 식민지 건설을 위한 정화의 대외 원정이었다면 중국 중심의 역사가 되지 않았을까요?

Q.154 명·청 시대 서양 문물은 어떻게 전래하였나요?

16세기 말 중국에 크리스트교 선교사들이 들어와 서양의 문물과 학문을 소개하면서 중국에서도 실용적인 학문에 관심을 지니게 되었어요. 이들은 예수회 소속 선교사들로 중국 언어를 사용하고 중국 의복을 입고 조상 숭배와 유교적 전통을 존중했기 때문에 선교 활동과 서양 문물을 전할 수 있었어요. 특히 명 말에 예수회 소속 마테오리치는 〈곤여만국전도〉와 《천주실의》를 소개하여 중국인의 세계 인식을 넓혀 주었어요.

서양에서는 루터에 의해 종교 개혁이 일어났고 신교^{프로테스탄티즘}와 구교^{가톨릭}로 분리되었어요. 신교의 확장은 구교에 위협이 되었고 예수회는 구교의 해외 선교에 눈을 돌렸고 많은 선교사를 파견하였어요. 그들이 바로 명·청대 서양 문물을 전해 준 거예요.

Q.155 중국의 개항이 아편 때문이라니 사실인가요?

🏛 19세기 초반까지 청의 대외 무역은 광저우 한 곳에서만 했고, 오로지 허가받은 상인^{공행}을 통해 무역을 했어요_{광둥 체제}. 이를 통해 청은 차·비단·도자기를 수출하여 무역 흑자를 누렸고, 최대 무역 상대국인 영국은 은을 지급하여 적자를 면치 못했어요. 그래서 영국은 인도의 아편을 밀수출하여 은을 되돌려 받았고 청은 은의 유출로 경기가 악화되었어요.

청은 아편의 심각성을 깨닫고 임칙서를 파견하여 아편 밀무역을 단속했고 영국은 자국의 상인을 보호한다는 명목으로 군함을 동원해 전쟁을 일으켰어요_{아편 전쟁, 1840~1842}. 그리고 난징 조약을 통해 5개 항구를 개항하고 홍콩을 할양받았어요.

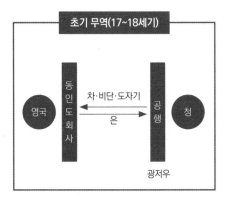

초기 무역(17~18세기)

영국 ─ 동인도회사 ─ 차·비단·도자기 / 은 ─ 공행 ─ 청

광저우

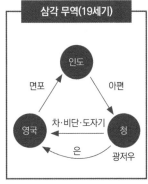

삼각 무역(19세기)

인도

면포 / 아편

영국 ─ 차·비단·도자기 / 은 ─ 청

광저우

하지만 영국의 면직물 수출이 늘지 않았어요. 이에 애로호 사건을 구실로 프랑스와 연합군을 편성하여 수도인 베이징을 함락했어요 제2차 아편 전쟁, 1856~1858. 청은 톈진 조약1858과 베이징 조약1860을 맺어 추가로 항구를 개항하고 선교사 포교의 허용, 베이징에 외국 공사의 파견을 허용했어요. 러시아는 조약 주선의 대가로 연해주를 차지했어요.

Q.156 태평천국 운동은
어떤 사회를 꿈꾸었나요?

　　서구 열강에 대한 잇단 패배와 청 정부의 무능과 부패
는 농민의 삶을 피폐하게 했고 이는 봉기로 이어졌어요.
그중 대표적인 봉기가 태평천국 운동^{1851~1864}이에요.

　태평천국 운동은 크리스트교를 접한 홍수전이 자신이 예수의 동
생이라고 주장하며 상제회를 만들었는데, 이들은 남녀평등과 토지
의 균등 분배를 주장했고 만주족 정권을 무너트리고 한족의 정부를
세우자고 주장했어요^{멸만흥한}. 하지만 유교 윤리와 신분 질서의 파괴
와 같은 주장은 지배층의 반발을 가져왔고 한인 관료와 신사층이 조
직한 의용군과 외국인 혼성 용병부대인 상승군에 의해 진압돼요.

Q.157 중국은 외세의 침략에 어떤 개혁(개화) 운동을 했나요?

중국은 외세의 침입에 양무운동과 변법자강 운동으로 자신을 지키려는 개화 운동을 전개했어요.

양무운동1862~1895은 태평천국 운동을 진압하며 성장한 한인 관료들을 중심으로 전개되었는데, 이홍장, 증국번 등이 대표적인 인물이에요. 그들은 중국의 전통과 제도를 바탕으로 서양의 기술을 받아들여 군대를 강화하고 근대적 공업을 육성하여 부국강병중체서용을 이루고자 했어요. 양무운동은 중국이 자신의 권력을 유지하고 무기 제조와 군사 시설 투자에만 집중하여 효율적인 발전을 할 수 없었고 청일 전쟁의 패배로 큰 타격을 입었어요.

청일 전쟁의 패배는 중국 지식인들을 자극하였고 캉유웨이를 비롯한 개혁적 한인 지식인들은 일본의 메이지 유신을 모델로 한 변법자강 운동1898을 전개했어요. 이 운동은 입헌 군주제의 도입, 서양식 정치 제도로의 개혁을 추진하였지만 서 태후와 만주족 관료들의 쿠데타로 실패로 끝나요.

쑨원의 삼민주의를 설명해 주세요.

청일 전쟁의 패배로 한인 지식인 중에는 청을 타도하고 민주 공화국을 세우자는 주장이 나타나요. 이 중 쑨원은 민족^{만주족 타도}, 민권^{공화국 수립}, 민생^{토지 개혁}을 내걸고 동맹회를 결성해요. 이 사상은 점차 확산하였고 마침내 우창에서 봉기하여 신해혁명에 성공해요[1911]. 혁명 세력은 난징에서 중화민국을 수립하고 쑨원을 임시 대총통으로 추대하였어요. 청 왕조는 위안스카이를 사령관으로 한 토벌군을 파견하는데, 위안스카이는 오히려 청 황제를 폐위시키고 자신이 초대 총통으로 취임해요. 위안스카이는 자신이 황제가 되려고 시도하다가 실패하고 각 지역에 군대를 장악한 군벌의 난립으로 사회적 혼란을 겪게 돼요.

중화민국 임시 대총통 때의 쑨원

Q.159 왜 중국과 대만은 서로 대립할까요?

쑨원은 5.4 운동에 자극받아 중국 국민당을 결성하고 광둥 국민정부를 수립하게 돼요. 한편 러시아 혁명1917과 5.4 운동에 자극받아 1921년 중국 공산당이 결성돼요.

국민당과 공산당은 군벌 타도를 목표로 제1차 국·공 합작1924~1928과 일제 타도를 목표로 제2차 국·공 합작1937~1945을 시행하는데, 쑨원이 사망하고 권력을 잡은 장제스는 제1차 국·공 합작 이후 공산당을 탄압하였고, 공산당은 마오쩌둥을 중심으로 12,000km의 대장정을 단행하면서 홍군이 만들어졌고, 농민들의 지지를 얻게 돼요.

일제의 중국 침략중일 전쟁, 1937은 제2차 국·공 합작을 가져왔어요. 이 항일 전쟁 중에 공산당은 민중의 지지를 얻게 되고 국민당은 독재를 강화하고 부정부패를 일삼아 국민의 지지를 잃어갔어요.

일제의 항복으로 제2차 세계 대전은 끝났어요. 이후 중국은 국공 내전이 일어났고 1949년에 공산당의 승리로 마오쩌둥이 중화 인민 공화국을 선포했어요. 반면에 국민당은 타이완으로 이동하였어요. 이로 인해 중국과 대만의 갈등과 대립이 지금까지도 계속되고 있어요.

Q.160 문화 대혁명은 성공했나요? 실패했나요?

중국 공산당은 1949년 중화 인민 공화국을 선포하고 토지 개혁과 산업의 국유화 등 사회주의 정책 실천을 통한 경제 부흥에 노력했어요. 마오쩌둥은 대약진 운동1958을 통해 농업 생산력을 높이고 노동 집약적 산업화를 추구했으나 소련의 원조 중단과 자연재해로 실패로 돌아갔어요. 대약진 운동 하면 참새 이야기가 유명한데, 마오쩌둥이 '참새는 해로운 새다.'라는 한마디로 많은 참새를 잡게 되는데, 이로 인해 해충의 피해로 흉년이 들어 많은 사람이 굶어 죽게 되죠.

대약진 운동의 실패로 잠시 권력에서 물러난 마오쩌둥은 문화 대혁명1966~1976을 통해 다시 권력을 잡았어요.

문화 대혁명은 홍위병을 앞세워 전통적 가치와 부르주아들을 공격한다는 명분으로 각종 문화재와 예술품을 파괴하고, 수많은 예술인과 지식인들의 목숨을 빼앗았어요. 또 경제·교육·의료 등이 황폐화하기도 하는 등 극심한 혼란을 가져왔어요.

문화 대혁명은 마오쩌둥의 사망으로 막을 내렸고 덩샤오핑이 권력을 장악하고 흑묘백묘론을 바탕으로 경제 개혁을 추진하게 돼요.

Q.161 흑묘백묘의 의미가 궁금해요.

마오쩌둥이 사망하고 개혁주의자였던 덩샤오핑이 중국의 실권을 장악했어요[1976]. 덩샤오핑은 문화 대혁명의 잘못을 깨닫고 적극적인 개혁·개방 정책을 추진했어요. 특히 '검은 고양이든 흰 고양이든 쥐만 잘 잡으면 된다[흑묘백묘론].'라고 주장하면서 정치적으로 사회주의 체제와 경제적으로 자본주의 경제를 결합한 중국식 사회주의를 진행하였고 이를 통해 중국이 경제 발전을 하게 되었어요. 하지만 관료의 부정부패, 빈부 격차의 심화라는 부작용을 낳았어요.

Q.162 톈안먼 사건이 발생한 이유가 무엇인가요?

흑묘백묘론으로 대변되는 중국의 경제 개혁은 관료의 부정부패, 빈부 격차의 심화를 가져왔어요. 사회주의의 통제에 대한 민주화를 요구하게 되었고 학생과 지식인들은 톈안먼 광장에서 부정부패 일소와 정치적 자유를 요구하며 시위를 벌였지만, 중국 정부는 무력으로 진압했어요^{톈안먼 사태, 1989}. 아쉬운 것은 중국은 현재 사회주의 체제를 고수하고 있어 민주화의 길은 멀고 험하다는 점이죠.

Q.163 오늘날 중국이 지닌 문제점들은 어떤 것들이 있나요?

오늘날 중국은 국제 사회에서 막대한 영향력을 행사하고 있어요. 중국은 현재 대국화를 진행하고 있는데, 이에 따른 많은 문제점을 가지고 있지요.

정치적으로는 인권과 민주화의 문제점이 나타나요. 사회주의 사상을 바탕으로 한 중국은 사회국가가 우선시되는 국가지요. 그러다 보니 개인의 자유로운 표현 등의 인권과 민주화에 대한 노력은 반사회주의 사상이기 때문에 탄압해요. 그 대표적인 사건이 톈안먼 사건이에요. 또한 티베트 독립운동도 정치적 부담이에요.

경제적으로는 빈부 격차와 농민공 문제를 들 수 있어요. 덩샤오핑의 '흑묘백묘론'이라고 불리는 경제 개혁은 동남부 해안 지역과 대도시를 중심으로 발전되었어요. 그러다 보니 자연스럽게 빈부 격차가 심화하였지요. 이 문제를 대변하는 것이 농민공이에요. 시골의 농민이었으나 도시로 흘러 들어가 도시 빈민으로 전락하는 사람들을 말해요.

사회적으로는 부정부패의 만연을 들 수 있는데, 현재 중국은 이를 해결하기 위해 많은 노력을 하고 있어요.

국제적으로는 군사 대국화로 인한 영토 분쟁, 그리고 그에 따르는 역사 문제예요. 중국은 군사 대국화와 자신의 영향력을 점차 넓혀가고 있어요. 그 속에서 자연스럽게 영토 분쟁과 역사 왜곡의 문제가 발생하고 있어요.

유학은
어떻게 전개되었나요?

유학은 춘추 전국 시대 제자백가의 등장에서 출발해요. 공자, 맹자의 사상으로 유가 사상 또는 원시 유학이라 불려요.

진시황이 전국을 통일하고 분서갱유 사건을 일으키죠. 이때 많은 유교 경전이 사라지고 파손돼요. 유학자들은 유교 경전을 벽에 발라 숨겨서 지켜 내려고 노력했어요. 이때는 종이가 없어 죽간, 목간으로 책을 만들었으니 벽에 발라 숨길 수 있었어요.

진이 멸망하고 한이 등장하면서 유교는 가장 중요한 학문으로 자리 잡았는데 진시황의 분서갱유로 인해 사라지고, 흩어진 경전을 발굴하고 해석하는 작업이 중요했어요. 그 과정에서 훈고학이 등장하는데 문장을 연구함으로써 문장을 바르게 해석하고 본래의 사상을 이해하고 경전의 숨은 의미를 탐구하고 밝혀내는 노력을 했어요.

성리학은 남송의 주희에 의해 체계화되었는데, 우주의 원리와 이치, 인간의 본성을 연구하는 학문으로, 관념적이며 화이론과 대의명분을 강조해요. 사실 성리학의 등장은 북방 민족의 중국 지배와 관련이 깊어요. 북방 민족의 중국 지배는 세계의 중심이라는 중화사상에 상처를 주었기 때문에 정신을 더 강조하게 돼요. 그래서 성리학은 남송, 원 시기에 유행해요.

명 중기에 관념적이고 형식적인 성리학을 비판하고 지행합일의 실천을 강조하는 양명학이 등장했고, 청대에는 고증학이 발달해요. 고증학은 폭넓은 자료를 수집하고 엄격한 증거에 의해 실증적으로 학문을 연구하는 방법이에요. 청은 만주족이 세운 나라로 한족에 대한 문화 통제 정책으로 한족의 실천과 비판을 통제했기 때문에 고증학의 문헌 연구가 발전하게 돼요.

Q.165 불교는 어떻게 형성되었나요?

인도는 기원전 8세기경 갠지스강 유역에 철기 문화가 전해지면서 많은 국가가 등장해요. 당시 인도는 브라만교를 믿었는데, 베다를 경전으로 삼고 엄격한 신분 제도인 카스트 제도를 인정했어요. 엄격한 신분 제도는 브라만교에 대한 비판으로 이어졌고 기원전 6세기에 고타마 싯다르타에 의해 불교가 창시돼요. 고타마 싯다르타는 왕자로 태어나 인간의 본질에 대해 고민하다가 수행자로 6년간의 고행 끝에 깨달음을 얻어 부처가 돼요. 불교는 브라만교와 달리 인간은 모두 평등하며 누구나 수행을 통해 고통에서 벗어나 부처가 될 수 있다고 하였고 민중의 환영을 받아 급속도로 세력을 확장하여 대중적인 종교가 돼요.

불교는 개인의 해탈을 중시하는 상좌부 불교소승 불교와 대중의 구원을 중시하는 대승 불교가 있는데, 상좌부 불교는 동남아시아로, 대승 불교는 동아시아로 전파돼요.

Q.166 이슬람교는 어떻게 성립되었나요?

아라비아 반도에 사산 왕조 페르시아[224~651]의 등장은 비잔티움 제국과의 갈등을 불러일으켰고 이 갈등으로 인해 동서 교역로가 막히게 되면서 해안 지대인 메카와 메디나가 번영하게 되었어요. 활발한 교역은 빈부 격차를 가져왔으며 부족 간의 대립을 심화시켜 이런 문제를 해결할 새로운 질서를 필요로 했어요.

이런 배경 속에서 메카의 상인 무함마드는 크리스트교와 유대교의 영향을 받아 이슬람교를 창시해요. 이슬람은 아랍어로 '알라에게 순종함'으로, 신의 의지와 명령에 따름으로써 마음과 세상에 평화가 온다는 의미예요.

그는 우상 숭배를 금지하고 유일신 알라에게 순종할 것을 강조하였으며 신 앞에 모든 신자가 평등하다고 주장했어요. 그의 주장은 박해로 이어졌고 무함마드는 메카에서 메디나로 피신하게 돼요. 이를 헤지라[622]라고 하며 이슬람의 기원 원년으로 삼아요.

무함마드는 630년

천사 가브리엘의 계시를 받는 무함마드

메카를 정복하고 전 아라비아반도를 통일해요. 무함마드 사후 칼리프가 이슬람 공동체를 지배하는 정통 칼리프 시대가 열렸고 이후 이슬람 제국이 건설돼요.

Q.167 뉴스를 보면 이슬람을 '시아파', '수니파' 라고 하는데 어떻게 갈라진 거죠?

632년 무함마드가 후계자를 선정하지 않고 세상을 떠나면서 정통성의 문제로 지금까지 분쟁이 계속되고 있어요. 시아파는 4대 칼리프 알리를 지지하는 사람들을 말하고 수니파는 누구나 이맘이 될 수 있다고 주장해요.

알리는 아들이 없는 무함마드의 딸과 결혼했으니 혈통과 전통성을 지닌 사람이 칼리프^{군주}, 이맘^{성직자}이 되어야 한다고 주장하는 이들을 '시아 알리'^{알리를 지지하는 사람들} 또는 시아라고 해요. 시아파는 정통성을 강조하지요.

수니파는 정통성도 중요하지만 그보다 더 중요한 것은 현실 세계에서 정치를 잘할 수 있는 사람이야말로 진정한 칼리프라고 생각하는 사람으로, 수니는 순나^{예언자의 본보기}에서 따온 명칭이에요. 수니파는 약 90%의 대다수를 차지해요.

도요토미 히데요시가 전국을 통일하고 임진왜란을 일으켰다는데 일본 전국을 어떻게 통일한 건가요?

12세기 말 미나모토 요리토모가 무사를 결집하여 가마쿠라 막부를 열어요. 막부는 수장인 쇼군장군이 무사들에게 토지와 농민을 지급하고 무사는 쇼군에게 충성과 봉사의 의무를 다했으며 천황은 상징적인 존재로 실질적인 막부는 쇼군이 통치했어요.

가마쿠라 막부는 몽골의 침입으로 쇠퇴하고 14세기 초 교토에 무로마치 막부가 성립되지만, 쇼군 계승 문제로 무너지게 돼요. 이제 각 지방의 다이묘영주들이 군사 대결을 벌이는 약 100년간의 센고쿠 시대전국 시대가 열리게 돼요. 이 센고쿠 시대를 종식하고 전국을 통일한 사람이 도요토미 히데요시예요. 사실 오다 노부나가를 중심으로 통일되어 갔으나 오다 노부나가의 죽음으로 도요토미 히데요시가 권력을 잡고 전국을 통일해요.

도요토미 히데요시의 뒤를 이어 권력을 잡은 도쿠가와 이에야스

전국 시대에 서양 선교사들에

의해 조총이 전래되는데 서양 선교사들이 지원한 쇼군이 전국을 통일하면 자연스럽게 포교할 것으로 생각했었지요.

전국을 통일한 도요토미 히데요시는 임진왜란을 일으켰지만, 그의 사망으로 임진왜란은 막을 내리고 도쿠가와 이에야스가 권력을 잡고 에도 막부를 성립해요.

에도 막부는 조선과 단절된 국교를 정상화하기 위해 노력했고 그 결과 조선 통신사가 파견되었어요. 또한, 임진왜란 때 포로로 잡아온 유학자와 도공을 통해 성리학과 도자기 문화를 발전시켰어요. 그리고 제한적이지만 나가사키 항을 통해 네덜란드 상인과의 무역으로 조선술, 포술, 천문학, 의학 등이 들어와 난학으로 발전해요.

경제적으로는 상공업이 발달하고 도시가 발달하여 도시 상인 수공업자 계층인 조닌이 점차 성장하여 조닌 문화를 만들었어요.

일본이 근대화에 성공할 수 있었던 까닭은?

일본은 미국의 페리 제독에 의해 개항을 해요[1854]. 개항 이후 서양에 굴복하고 불평등 조약을 맺은 에도 막부의 무능을 비판하는 소리가 높아졌고, 개항을 반대한 영주와 하급 무사들은 쿠데타를 일으켜 천황 중심의 정부 수립과 개혁을 추진해요[메이지 유신, 1868].

메이지 정부는 중앙 집권적 근대 국가 수립을 목표로 지방에 관리를 파견하고, 징병제 시행과 학교 제도를 수립하였고 불평등 조약에서 벗어나기 위해 유학생을 파견하고 서양의 법과 제도를 연구했어요. 또한 부국강병을 위해 서양 문물을 적극적으로 수용하여 근대화에 성공했어요.

1871년부터 1873년까지 유럽과 미국 등지를 돌며 선진 문물을 접한 이와쿠라 사절단

Q.170 이스라엘과 팔레스타인의 분쟁은 현재 진행형인데 왜 그럴까요?

유대인들은 서기 70년 무렵 로마군에 의해 이스라엘 땅에서 쫓겨난 뒤로 세계 곳곳에 흩어져 살았어요. 19세기 후반이 되자 유대인들 사이에서 나라를 세워야 한다^{시오니즘}는 목소리가 나오기 시작했고, 유대인들이 옛 이스라엘 땅인 팔레스타인으로 이주하면서 충돌이 발생하게 돼요. 제2차 세계 대전 당시 독일에 의해 유대인 학살을 경험하면서 국가 수립의 열망은 더욱 강해졌어요. 1947년 유엔은 팔레스타인 지역에 유대 국가와 아랍 국가 창설을 모두 인정했고 1948년 이스라엘이 건국을 선언했지만, 팔레스타인은 이를 거부해요. 팔레스타인 사람들한테는 천 년 넘게 살아온 땅을 빼앗기는 것이기 때문이겠죠.

이후 네 차례의 중동 전쟁과 자살폭탄 공격, 시위 등으로 많은 희생자가 발생하고 있어요. 평화를 위해 많은 노력에도 불구하고 갈등은 현재 진행형이에요.

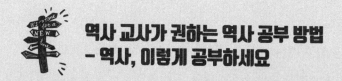

역사 교사가 권하는 역사 공부 방법 – 역사, 이렇게 공부하세요

학생들에게 역사는 암기 과목이면서 어려운 과목이다?

그렇지 않습니다.

역사의 흐름을 이해하면 그리 어렵지 않고 재미있는 과목입니다.

그렇다면 역사를 어떻게 공부해야 할까요?

이렇게 해 보세요. 역사가 쉬워질 겁니다.

1. 역사에 관심을 가져라!

누구나 이런 경험이 있을 겁니다. 컴퓨터 게임에 빠지면 온통 게임 생각만 하게 됩니다. 또한 검색도 하고 주변 사람들과 정보도 공유합니다. 바로 관심이 있기 때문입니다. 역사도 마찬가지입니다. 역사 공부를 잘하려면 관심을 가져야 합니다. 관심을 가지면 자연스럽게 검색을 하게 되고 주변 사람들과도 이야기하게 됩니다. 그러면 나도 모르는 사이 역사가 좋아지고 실력도 향상됩니다.

2. 책을 읽을 때 암기하지 말고 통독으로!

역사 공부에 제일 중요한 것은 책 읽기입니다. 책은 쉬운 책부터 시작해서 난도를 높이고 여러 번 읽으면 자연스럽게 흐름이 보이는데,《교과서가 쉬워지는 통 한국사 세계사》를 활용하는 것도 좋은 방법입니다.

책을 읽을 때는 사건에 집중하지 말고 책을 통독하세요. 사건에 집중하면 암기할 수밖에 없습니다. 그러면 당연히 흐름을 놓치겠죠. 역사는 나무를 보는 것이 아니라 산을 보는 것과 같아서 사건에 집중하면 산이라는 전체의 모습과 흐름을 볼 수 없습니다.

3. 흐름이라는 틀에 살을 붙여라!

흐름이 산이라면 사건은 나무입니다. 통독을 통해 흐름이라는 산이 파악되었으면 사건들을 학습하면서 사건이라는 나무를 키우는 것입니다. 책 일부분을 집중하여 읽거나 관련 사건에 대한 정보 검색을 통해 살을 붙이는데 교과서를 활용하는 것도 좋은 방법입니다. 또 사건들에 대해 의미와 정의를 담아 보세요. 그러면 더 쉽고 빠르게 살이 붙을 것입니다. 《중학 역사왕 용어사전》를 활용하는 것이 좋은 방법입니다.

4. 교과서는 정독하세요. 그리고 정리하세요.

역사 학습에 제일 좋은 교재는 바로 교과서입니다. 하지만 학생들 대부분은 교과서를 읽지 않습니다. 교과서는 학습 내용을 집약하여 쓴 책입니다. 또한, 사진, 그림, 도표, 연표 등 다양한 정보를 담고 있어 교과서를 정독해서 읽는 것이 중요합니다.

교과서를 읽는 것에서 끝나는 것이 아니라 마인드맵, 자기만의 학습 노트 등을 활용하여 학습 내용을 정리하세요. 그러면 흐름과 사건들을 빨리 이해하게 됩니다.

5. 역사 체험! 또 하나의 역사!

역사는 종합적인 사고가 필요한 과목입니다. 종합적인 사고를 가능하게 하는 것은 역사 체험들입니다. 역사 체험이라고 하면 역사 답사 또는 역사 기행을 말합니다. 역사 현장을 직접 찾아가 눈으로 바라보고 몸으로 체험하면 이해가 빨라집니다.

그렇다고 해서 역사 답사 또는 역사 기행이 역사 체험의 전부는 아닙니다. 우리 주변의 모든 것이 역사 체험의 공간입니다. 지명, 도로명, 음식, 문화 등 우리가 스쳐 지나가는 주변의 모든 것은 역사를 담고 있어 역사와 연결하면 좋은 학습과 종합사고력을 높여 줄 것입니다.

또한 여행을 갈 때도 정보 검색을 통해 역사에 관련된 것들을 방문하여 체험을 하면 의미 있는 여행이 될 것입니다.

6. 정보의 시대! 다양한 매체를 활용하라!

최근 드라마, 영화, 다큐멘터리 등 역사를 소재로 한 작품들이 많이 방송되고 있으며, 인터넷, 스마트폰의 발달로 어디서든 정보를 검색할 수 있는 시대가 되었습니다. 이런 환경은 교육적이지 않다고 하는 사람들이 있습니다. 하지만 이런 환경은 조금만 관심이 있다면 충분히 역사 공부에 도움이 될 수 있습니다.

여기서 우리가 반드시 해야 할 것은 영상매체 역사물인 경우 사실과 허구를 확인해야 하며, 정보 검색을 할 때 여러 번의 정보 검색을 통해 올바른 정보를 찾아야 한다는 것입니다.

7. 스토리텔링! 역사 학습의 대안!

역사는 종합사고력이 있어야 하는 어려운 과목입니다. 그래서 많은 학자는 역사 학습의 대안을 스토리텔링에서 찾습니다. 스토리텔링은 '스토리story + 텔링telling'의 합성어로, 말 그대로 '이야기하다'라는 의미입니다. 즉, 상대방에게 생생하게 전달하는 이야기를 말합니다.

역사 역시 스토리텔링이 중요합니다. 역사는 이야기식 구조로 되어 있어 듣거나 말하는 것만으로도 역사 학습에 도움이 되는데, 둘 중에서 말하는 것이 더 효과적입니다. 지금 바로 옆 사람에게 역사 이야기를 들려주세요. 놀라운 변화를 경험할 것입니다.

한 번에 끝내는 중학 역사

교과서가 쉬워지는
통 한국사 세계사 전 3권

2015년 개정 중학교 역사 교과 과정에
완벽하게 맞춘 유일한 역사책!

전국 역사 교사들과 학부모들이 추천하는 예비중, 중학생 필독서!

한국사는 수능보다 내신이다!

"강남 목동 등에선 이미 초등학생 때 한국사 기본틀을 잡고, 중학생 땐 완전히 마스터시켜야 한다는 분위기가 대세"라고 전했다. 이러한 분위기를 입증하듯 한국사능력검정시험에 응시한 초등학생 및 중학생이 대폭 늘었다. 시험을 주관하는 국사편찬위원회 관계자는 "지난달 기준 초등학생 응시 인원이 1년 전보다 두 배 이상 증가했다."고 오종운 이투스청솔 평가이사는 설명했다. – 《동아일보》

《교과서가 쉬워지는 통 한국사 세계사》 6가지 특장점

1. 2015년 한국사 교육 과정에 완벽하게 맞추어 구성했다.
2. 중학교 역사 교과서 9종을 세밀하게 분석하여 꼭 필요한 내용을 담았다.
3. 어려운 용어는 쉽게 풀어 주고, 압축된 내용에는 친절한 설명과 이야기를 더했다.
4. 각 단원의 학습 목표를 설정하여 독서의 방향을 제시했다.
5. 각 단원을 History Mind Map으로 정리, 앞 내용을 한눈에 그려 볼 수 있게 했다.
6. 관련 있는 한국사와 세계사의 사건들을 유기적으로 연결했다.

한 번에 끝내는 중학 역사

교과서가 쉬워지는
통 한국사 세계사·1

글 김상훈 ·그림 조금희 |
올 컬러 | 344쪽

중학생 독자의 눈높이에 맞춘 새로운 역사책!

《교과서가 쉬워지는 통 한국사 세계사》는 중학생 아들을 둔 아빠가 9종의 중학교 역사 교과서를 비교 분석하여 만든 역사책이다. 아빠의 마음으로 꼼꼼하게 9종 교과서의 공통된 내용, 5종 이상의 교과서에 나온 내용, 흥미로운 내용, 꼭 알아두면 좋을 내용을 알기 쉽게 풀어썼다. 역사적인 기초가 부족해 한국사 공부에 어려움을 겪었던 독자라면 한국사와 세계사의 경계를 허물어 주고 있는 이 책을 통해 기본 지식을 탄탄하게 쌓을 수 있을 것이다.

무엇보다 이 책은 2015년 중학교 한국사 교육 과정과 동일하게 차례가 구성되어 교육 과정 순서대로 학습을 해 나갈 수 있다는 점이 가장 큰 특징이다. 내용 구성은 정치사 중심으로 경제사, 사회사, 문화사로 확대해 역사 지식을 체계적으로 학습할 수 있도록 구성하고 있다. 또한 연대기 중심의 통사적 서술 방식을 취하고 다양한 주제 중심으로 이야기를 전개하고 있다.

쉬우면서도 깊이 있고 탁월한 내용과 구성으로 인해 벌써부터 현직 역사 교사들의 찬사와 기대를 받고 있는 이 책은 청소년 독자들의 역사적 사고력과 지식을 키워 주는 특급 도우미가 되는 것은 물론 내신 성적과 한국사능력검정시험을 성공으로 이끄는 훌륭한 길잡이가 되어 줄 것이다.

1권 차례

I 우리 역사는 어떻게 시작했을까? : 문명 형성과 고조선 성립

01 과거와의 끊임없는 대화 : 역사의 의미와 역사 학습의 목적
02 농경 생활이 세상을 바꾸다 : 인류의 출현과 선사 문화
03 청동기가 탄생하고 4대 문명이 발전하다 : 문명의 발생과 국가의 출현
04 한반도, 왕국 시대로 돌입하다 : 고조선과 여러 나라의 성장

II. 세 나라가 천하를 다투다 : 삼국의 성립과 발전

05 삼국(三國) 시대인가, 사국(四國) 시대인가? : 삼국의 체제 정비와 가야의 성장
06 만주의 고구려, 떠오르는 신라 : 삼국과 가야의 발전과 경쟁
07 삼국 시대의 문화, 어디까지 전해졌을까? : 삼국과 가야의 문화와 해외 교류

III. 남북에 두 나라가 공존하다 : 통일 신라와 발해의 발전

08 신라, 한반도를 하나로! : 고구려의 대외항쟁과 신라의 삼국 통일
09 신라와 발해, 이름을 떨치다 : 남북국의 성립과 발전
10 불교, 찬란하게 꽃 피다 : 남북국의 문화 발전 및 대외 교류
11 영웅들, 다시 천하를 다투다 : 신라 말의 동요와 후삼국의 성립

IV '코리아'의 명성을 떨치다 : 고려의 성립과 변천

12 고려는 귀족들의 나라였을까? : 고려의 성립과 귀족 사회의 발전
13 무인의 패기인가, 역사의 후퇴인가? : 무신 정권의 성립과 흥망
14 고려는 몽골과 어떤 관계였을까? : 대몽 항쟁과 자주적 개혁 추진
15 금속 활자를 처음 사용하다 : 고려의 예술·문화 및 해외 교류

한 번에 끝내는 중학 역사

교과서가 쉬워지는
통 한국사 세계사·2

글 김상훈·그림 조금희 |
올 컬러 | 472쪽

2015년 중학교 한국사 교육 과정을
가장 충실하게 반영한 책!

《교과서가 쉬워지는 통 한국사 세계사》는 한국사와 세계사를 시간의 흐름에 따라 자연스럽게 이해할 수 있도
록 구성되었습니다. 청소년은 물론 한국사 시험을 준비하는 많은 이들에게 큰 도움을 주리라 생각합니다.

– 이은대, 서울 YMCA 역사 동아리 교사

이 책을 보면서 앞으로 출간될 새로운 역사 교과서에 거는 기대가 커졌습니다. 그만큼《교과서가 쉬워지는 통
한국사 세계사》는 역사 공부에 관한 모범을 제시하고 있습니다. 특히 무엇보다도 이 책이 가장 최근에 발표된
2015 한국사 교육 과정을 충실히 반영하고 있다는 점이 저로서는 고무적이었습니다.

– 이두형, 우리역사교육연구회 회장

역사적 사실을 암기할 수밖에 없도록 만드는 평가 시스템 때문에 학생들은 역사를 어려워하고 수업은 경직되
고 맙니다. 다행히《교과서가 쉬워지는 통 한국사 세계사》는 역사를 이야기하듯 들려주고 쉽게 풀어내고 있
습니다. 이 책은 또 하나의 교과서로 그 역할을 다하리라 기대합니다.

– 공일영, 호치민시 한국국제학교 청소년역사문화연구소장

2권 차례

V. 우리 민족 문화가 활짝 피다 : 조선의 성립과 발전

16 유교 국가 조선 사람들은 어떻게 살았을까? : 조선 통치 체제의 확립
17 가장 독창적인 언어를 만들다 : 조선 시대 민족 문화의 발달
18 모든 백성은 성리학 질서를 따르라 : 사림의 성장과 붕당 정치의 대두
19 전쟁의 시대, 어떻게 이겨냈을까? : 왜란과 호란의 발발 및 조선 사회의 변화

VI. 조선을 개혁하라! : 조선 후기 사회의 변동

20 붕당 폐해를 어떻게 바로잡을까? : 조선 후기 정치 변화와 영·정조의 개혁
21 실학이 조선 사회를 어떻게 바꾸었을까? : 조선 후기의 사회 개혁 움직임
22 서민 문화가 활짝 피어나다 : 조선 후기의 변화 및 사회 개혁 움직임
23 조선 후기 농민 봉기는 왜 일어났을까? : 농민 의식의 성장과 봉기

VII. 문명에서 제국이 싹트다 : 통일 제국의 등장

24 중국, 지구 밖에서도 보이는 성을 쌓다 : 진·한 제국의 성립과 발전
25 불교가 탄생하고 성장한 인도 : 인도의 통일과 여러 왕조의 발전
26 관용의 통치를 한 페르시아 : 서아시아의 통일과 국제적 문화의 발전
27 모든 길은 로마로 통한다 : 그리스 폴리스와 로마 제국의 발전

VIII. 전 세계가 각자의 문화권을 만들다 : 지역 세계의 형성과 발전

28 동아시아, 중국 문화를 받아들이며 성장하다 : 동아시아 문화권의 형성과 발전
29 여러 종교가 어우러진 인도 : 인도와 동남아시아 세계의 발전
30 새로운 종교가 서아시아를 뒤흔든다 : 이슬람 세계의 성립과 이슬람 제국의 발전
31 봉건제와 크리스트교가 지배한 대륙 : 중세 유럽 세계의 형성과 발전

IX. 서로 다른 문화가 충돌하다 : 전통 사회의 발전과 변모

32 몽골, 세계를 제패하다 : 동아시아 세계의 발전
33 몽골을 계승한 인도의 제국 : 인도와 동남아시아 세계의 발전
34 이슬람 세계의 새 강자가 등장하다 : 서아시아 이슬람 세계의 발전
35 유럽이 세계를 주도하기 시작하다 : 중세에서 근대로 이행하는 유럽 세계

3권 차례

X. 근대화로 가는 머나먼 길 : 근대 국가 수립과 국권 수호 운동

36 조선, 강제로 문이 열리다 : 흥선 대원군의 집권과 개항
37 대한 제국이 탄생하다 : 근대 개혁 운동의 추진
38 국권 강탈은 무효다 : 일제의 국권 침탈과 국권 수호 운동의 전개
39 근대 생활은 어떻게 변했을까? : 근대 문물의 수용과 사회·문화의 변화

XI. 치욕을 이겨낸 우리 민족 : 민족 운동의 전개

40 독립 만세의 함성, 세계가 놀라다 : 무단 통치와 3·1 운동
41 청산리에서 부른 승리의 노래 : 민족 분열 통치와 다양한 민족 운동
42 시련에 굴복하지 않는 민족 : 민족 말살 통치와 1930년대 이후의 민족 운동
43 민족정신을 지켜 내라 : 일제 강점기 민족 문화 수호 운동

XI. 민주주의 넘어 통일로! : 대한민국의 발전

44 정부를 세웠으나 민족이 분열하다 : 대한민국 정부 수립과 6·25 전쟁
45 독재를 넘어 민주주의를 쟁취하다 : 자유 민주주의의 발전과 경제·문화 성장
46 도움을 받는 나라에서 도움을 주는 나라로 : 경제 성장과 대중문화의 발전
47 통일은 우리의 사명이다 : 평화 통일을 위한 노력과 동아시아 분쟁

XII. 혁명의 시대가 열리다 : 산업 사회와 국민 국가의 형성

48 공장 굴뚝에서 연기가 타오르다 : 시민 혁명과 산업 혁명, 그리고 자본주의 발전
49 민중이여, 궐기하라 : 프랑스 혁명과 국민 국가의 탄생
50 역사상 없던 새로운 정부를 만들다 : 미국 혁명과 라틴 아메리카의 독립
51 모두 발밑에 무릎 꿇으라는 열강들 : 제국주의 등장과 식민지 분할

XIII. 제국주의에 맞서다 : 아시아·아프리카 세계의 변화와 민족 운동

52 중국, 더러운 전쟁에 무너지다 : 중국의 개항과 근대화 운동
53 일본, 아시아의 열강을 꿈꾸다 : 일본의 근대화와 제국주의적 침략
54 영국, 인도를 삼키다 : 인도와 동남아시아의 민족 운동과 근대화 운동
55 오스만 제국, 크게 휘청거리다 : 서아시아와 아프리카의 근대화 운동

XIV. 갈등의 시대를 넘어 미래로 : 현대 세계의 전개

56 제국주의, 세계 대전을 벌이다 : 제1차 세계 대전과 전후의 세계
57 이제 더 이상 전쟁이 없기를… : 제2차 세계 대전과 국제 평화 모색
58 차가운 전쟁을 벌이다 : 냉전 체제의 형성과 완화
59 밝은 미래를 만들려면 : 현대 세계의 변화와 과제